明大德　守公德　严私德

政德

传统文化中的执政智慧

王爽◎编著

華文出版社
SINO CULTURE PRESS

图书在版编目(CIP)数据

政德：传统文化中的执政智慧 / 王爽编著. - 北京：华文出版社，2019.1

ISBN 978-7-5075-5020-7

Ⅰ. ①政… Ⅱ. ①王… Ⅲ. ①中华文化－干部教育－学习参考资料 Ⅳ. ①K203

中国版本图书馆 CIP 数据核字(2018)第 265322 号

政德：传统文化中的执政智慧

ZHENGDE CHUANTONGWENHUAZHONGDEZHIZHENGZHIHUI

编　　著：王　爽
责任编辑：潘　婕
出版发行：华文出版社
社　　址：北京市西城区广外大街 305 号 8 区 2 号楼
邮　　编：100055
网　　址：http://www.hwcbs.com.cn
电　　话：总 编 室 010－58336239　发行部 010－58336238
　　　　　责任编辑 010－63429159
经　　销：新华书店
印　　刷：三河市新新艺印刷有限公司
开　　本：710mm×1000mm　1/16
印　　张：16
字　　数：245 千字
版　　次：2019 年 1 月第 1 版
印　　次：2019 年 1 月第 1 次印刷
标准书号：ISBN 978-7-5075-5020-7
定　　价：48.00 元

前　言

2018年3月10日，习近平总书记参加第十三届全国人大一次会议重庆代表团审议时强调，领导干部要讲政德。政德是整个社会道德建设的风向标。立政德，就要明大德、守公德、严私德。明大德，就是要铸牢理想信念、锤炼坚强党性，在大是大非面前旗帜鲜明，在风浪考验面前无所畏惧，在各种诱惑面前立场坚定。守公德，就是要强化宗旨意识，全心全意为人民服务，恪守立党为公、执政为民的理念，自觉践行人民对美好生活的向往就是我们的奋斗目标的承诺，做到心底无私天地宽。严私德，就是要严格约束自己的操守和行为。

孔子曰："为政以德，譬如北辰，居其所而众星共之。"历史已经无数次证明，执政者为政以德，社会才会风清气正，国家才会富强稳定，人民才会安居乐业。习近平同志在任浙江省委书记时，曾以"哲欣"的笔名在《浙江日报》"之江新语"专栏发表题为《做人与做官》的文章。他在文章中指出："德乃官之本，为官先修德。"并强调："在历史的长河中，那些帝国的崩溃、王朝的覆灭、执政党的下台，无不与其当政者不立德、不修德、不践德有关，无不与其当权者作风不正、腐败盛行、丧失人心有关。"执政者如舟，人民如水，执政者如果不修政德，以权谋私，违背民意，水必覆舟。

立德，就要"明大德"。对于执政者来说，"明大德"就是要有崇高的理想和坚定的信念，就是要有正确的世界观、人生观和价值观。中国古代很多思想家都提出了自己的思想和主张，孔曰成仁，孟曰取义，老子崇无为，庄子尚自由，墨子讲兼爱，韩非谈法治，朱熹重天理，王阳明致良知……从此，讲仁爱、重民本、守诚信、崇正义、尚和合、求大同等思想理念，逐渐成为中华文化的精神内核，成为中华民族共同的理想和信念。而在对理想和信念的追求和实践中，中华民族又形成了勇敢坚韧的精神、居安思危的意识、慎始慎微的性格、谦逊有礼的品德、坚贞不屈的意志、用舍行藏的智慧，代代相传。

立德，就要“守公德”。对于执政者来说，讲公德就是要胸怀天下，为天下多数人谋利益。中国古代知识分子有“修齐治平”的追求，在修身、齐家的同时，还要达到治国、平天下。从《尚书》的“功崇惟志，业广惟勤”，到《诗经》的“肃肃宵征，夙夜在公”，再到欧阳修的“忧劳可以兴国，逸豫可以亡身”；从《尚书》的“民惟邦本，本固邦宁”，到《孟子》的“民为贵，社稷次之，君为轻”，再到刘备的“夫济大事必以人为本”；从孟子的“乐以天下，忧以天下”，到范仲淹的“先天下之忧而忧，后天下之乐而乐”，再到林则徐的“苟利国家生死以，岂因祸福避趋之”，克己奉公、勤政爱民从来都是对执政者最基本的要求。除此之外，执政者还要勇于担当，敢于负责，恪尽职守，精益求精，有公正执法的勇气，除旧革新的魄力，上和下睦的魅力，虚心纳谏的胸怀，任贤使能的智慧，务实肯干的作风，才能无愧于人民赋予的权力，以崇高的政德扬起国家和民族奋进的征帆。

立德，就要“严私德”。对于执政者来说，严私德就是要严格约束自己的操守和行为，正确处理人际关系。中国古人讲究慎独，要求人无论任何时候、任何环境下，都要规范自己的行为，使之符合道德的标准，并能够做到一日三省，闻过则喜，有错必改。孔子曰：“政者，正也。子帅以正，孰敢不正？”作为执政者，更应该端正自己的思想和行为，律己以严，待人以宽，廉洁修身，廉洁齐家，坦荡为人，谨慎交友，清清白白做人，干干净净做事，坦坦荡荡为官，做人才有底气，做官才有正气，做事才有硬气。

博大精深的传统文化是我们在世界文化激荡中站稳脚跟的根基，是我们实现中华民族伟大复兴的力量之源，广大党员干部应结合时代要求继承和弘扬传统文化，不断吸取前人在修身处世、治国理政等方面的智慧和经验。有鉴于此，我们出版了《政德：传统文化中的执政智慧》一书，本书分别从明大德、守公德、严私德三个方面深入阐释传统文化中的执政智慧，以帮助党员干部更好地学习和理解传统文化，进而提高政德修养和执政能力。由于本书编写时间仓促，难免会有不妥之处，敬请读者朋友批评指正。

编　者

目　录

上篇　明大德:明德载道,坚定信念

大德是政德的高线。立政德,就要“明大德”。对于执政者来说,“明大德”就是要有崇高的理想和坚定的信念,要有正确的世界观、人生观和价值观。历史证明,任何人、任何民族、任何社会,只要有了远大崇高的理想和坚定执着的信念,就有了战胜一切困难的勇气和力量,就能无坚不摧、无往不胜。

中篇　守公德:大公无私,执政为民

公德是政德的基线。立政德,就要“守公德”。对于执政者来说,“守公德”就是要胸怀天下,为天下多数人谋利益。执政者应有一心为公的正气,克己奉公,勤政爱民,勇于担当,敢于负责,恪尽职守,精益求精,以公正执法的勇气,除旧革新的魄力,上和下睦的魅力,虚心纳谏的胸怀,任贤使能的智慧,务实肯干的作风,扬起国家和民族奋进的征帆。

下篇　严私德:戒贪止欲,修身立德

私德是政德的底线。立政德,就要“严私德”。对于执政者来说,“严私德”就是要严格约束自己的操守和行为,正确处理好人际关系,戒贪止欲、克己奉公,时刻自律自省,廉洁修身,廉洁齐家,坦荡为人,谨慎交友。只有这样,才能堂堂正正做人,老老实实做事,清清白白为官,做人才有底气,做官才有正气,做事才有硬气,才能赢得群众的认可。

上篇

明大德：明德载道，坚定信念

理想和信念是人生之必需，也是社会、民族之必需。一个人必须有理想和信念，因为它可以为人生提供方向和动力，让生活变得充实，让生命充满活力；一个社会必须有理想和信念，因为它可以带来希望，带来稳定，带来繁荣；一个民族必须有理想和信念，因为它可以凝聚人心，从而为社会进步释放出巨大的能量。

中华民族有着悠久的历史和灿烂的文化，而理想和信念本身，也是中华文化的重要组成部分。早在两千多年前，很多思想家就设计了自己的“理想国”，并为之提出了一系列理论和方法，如老子“小国寡民”的蓝图和“道法自然”“无为而治”的倡导，孔子、孟子“大同”社会的理想和“德治”“仁政”的举措，墨子“平等社会”的信念和“兼爱”“非攻”的主张，等等。从此，讲仁爱、重民本、守诚信、崇正义、尚和合、求大同等理想和信念，逐渐成为中华文化的精神内核。而在理想和信念的实践中，中华民族又形成了勇敢坚韧的精神、居安思危的意识、慎始慎微的性格、谦逊有礼的品格、坚贞不屈的意志、用舍行藏的智慧。

历史证明，任何人、任何社会、任何民族，只要有了远大崇高的理想和坚定执着的信念，就有了战胜一切困难的勇气和力量，就能无坚不摧、无往不胜，并在追求理想和信念的过程中，彰显人生的价值和意义。中华儿女所追求的理想和信念，是中华民族自尊自信、自立自强的特质。数千年来，薪火相传，并不断发扬光大。

明德：为政以德，厚德载物

“以德治国”是传统文化中一个重要的执政理念。俗话说“得人心者得天下”，而得人心的手段主要靠“德治”。德治的核心是仁爱百姓，克己奉公，全心全意为百姓办事。古代一些英明的执政者，无论是打天下还是治天下，都不忘行“德治”、施“仁政”，如刘邦兵进咸阳，与民“约法三章”，秋毫无犯，赢得百姓拥护，最终战胜项羽而开创汉朝基业；唐太宗勤政爱民，国家物阜民丰，开创的“贞观之治”被后世称颂。那些为政不仁的执政者则难逃迅速败亡的宿命，如秦王朝不与民休息，专事刑罚，实行高压统治，最终二世而亡；隋炀帝骄奢淫逸，好大喜功，不惜民力，重蹈秦朝覆辙。

（一）

地势坤，君子以厚德载物。（《周易·坤》）

【译文】

“坤卦”象征大地，君子应效法大地，胸怀宽广，包容万物。

【点评】

厚德载物是中华民族的文化遗产，是古人留给我们的精神财富，它要求人们应效法大地，注重自身修养，宽厚大度，以直率、公正、含蓄为原则，不贪功，不自傲，持之以恒，才能取得事业的成功。对于执政者来说，心胸宽广的人，可以团结不同性格的人，听得进不同的意见，调动所有人的积极性和创造性，充分挖掘每个人的潜能，共同把事情做好。

（二）

必有忍，其乃有济；有容，德乃大。（《尚书·君陈》）

【译文】

有忍耐精神，所做之事才能成功；有忍让宽容的胸怀，德行才能广大。

【点评】

这句话与《论语·公冶长》中的“子曰：‘吾未见刚者。’或对曰：‘申枨。’子曰：‘枨也欲，焉得刚？’”被后人融为一副著名的对联：“海纳百川，有容乃大；壁立千仞，无欲则刚。”古人把宽容作为理想人格的重要标准。厚德量大者，对荣辱得失处之泰然，对别人的过失差错，常付之一笑，不放在心上，这种人往往无心求福而得福，不求避祸却无祸。而那些气量狭窄之人，却总是同欲相妒、同利相残，斤斤计较，毫不相让，结果越是费尽心机，就越是好事难成。

（三）

子曰：“为政以德，譬如北辰，居其所，而众星共之。”（《论语·为政》）

【译文】

孔子说：“以道德来治理政事，就会像北极星那样，自己居于一定的方位，而群星都会环绕在自己的周围。”

【点评】

孔子将道德从个人修养的层面推广到政治领域，提出了著名的“为政以德”的思想，强调以德治国的重要作用。一个仁德的、凡事以百姓利益为先的政府，才能聚拢民心，顺畅而长久地运行下去。相反，执政者无才无德，以权谋私，做出一系列违背仁德的行为，就会背离人心，成为孤家寡人。

（四）

子曰：“道之以政，齐之以刑，民免而无耻；道之以德，齐之以礼，有耻且格。”（《论语·为政》）

【译文】

孔子说：“如果用法令、禁令去引导百姓，使用刑罚来约束他们，百姓只求得免于获罪受刑，却没有廉耻之心；如果用道德教化来引导百姓，使用‘礼’去规范百姓的言行，百姓不仅会有廉耻之心，而且也会守规矩了。”

【点评】

道德作为人们共同的行为准则和规范，是构成社会文明的重要因素，也是维系和谐人际关系、良好社会秩序的基本条件。道德规范与法律规范不同，法律具有强制性，是由国家权力机关制定并依靠强制手段来实行的，道德则是靠人们的思想观念、社会舆论、传统习俗以及文化教育等方面来维持的。孔子认为，法律手段只能使人避免犯罪，不能使人懂得犯罪可耻的道理。而道德教化既能使百姓遵守规矩，又能使百姓有廉耻之心，要比法律手段高明得多。

（五）

季康子问政于孔子曰：“如杀无道，以就有道，何如？”孔子对曰：“子为政，焉用杀？子欲善而民善矣。君子之德风，小人之德草，草上之风，必偃。”（《论语·颜渊》）

【译文】

季康子问孔子如何治理政事，说道：“如果杀掉无道的人来成全有道的人，怎么样?”孔子说：“您治理政事，哪里用得着杀戮呢?您想要行善，百姓也会跟着行善。居于上位者的品德好比风，居于下位者的品德好比草，风吹到草上，草一定会跟着伏倒。”

【点评】

孔子主张“德政”，反对暴政，即所谓“政者，正也。子帅以正，孰敢不正”，在上位者以仁德之心处理政事，百姓也会以仁德之心待人，自然不会犯上作乱，这种效果不是使用高压手段所能达到的。所谓“得道多助，失道寡助”，那些有仁德的执政者，一定会受到百姓的拥戴；而那些暴虐的、滥行无道的执政者，一定会激起百姓的反对。

（六）

子曰：“君子成人之美，不成人之恶，小人反是。”(《论语·颜渊》)

【译文】

孔子说：“君子成全别人的好事，而不助长别人的恶处。小人则与此相反。”

【点评】

君子成人之美，是因为君子有着与人为善的高尚情怀，他们把别人的成功当作自己的成功，把别人的快乐当作自己的快乐。君子不成人之恶，是因为君子心怀仁爱，不愿看到别人受难遭灾。而小人却处处与君子相反，总是喜欢成人之恶，别人发生危难，他就隔岸观火、幸灾乐祸；别人成功、快乐，他就满腔嫉妒、怨恨，甚至暗中下手，造谣中伤。二者之所以有如此明显的差别，主要是心态和思想境界的不同。

（七）

孟子对曰：“地方百里而可以王。王如施仁政于民：省刑罚，薄税敛，深耕易耨；壮者以暇日修其孝悌忠信，入以事其父兄，出以事其长上，可使制梃以挞秦楚之坚甲利兵矣。彼夺其民时，使不得耕耨以养其父母，父母冻饿，兄弟妻子离散。彼陷溺其民，王往而征之，夫谁与王敌？故曰：'仁者无敌。'王请勿疑！"（《孟子·梁惠王上》）

【译文】

孟子回答道："土地只有一百里见方的小国也能取得天下。大王如果对百姓施行仁政，减少刑罚，减轻赋税，让百姓深耕细作、勤除杂草，让年轻力壮的人在闲暇之时学习孝悌忠信之道，在家侍奉父兄，在外敬重尊长，就可以让他们拿着木棍打败秦、楚两国装备精良的军队了。他们（秦、楚）常年侵夺农时，使百姓不能耕作来奉养父母，父母受冻挨饿，兄弟妻儿离散。他们使自己的百姓陷入痛苦之中，大王如果前去讨伐他们，谁还能与大王相抗衡呢？所以说：'有仁德的人天下无敌。'请大王不要怀疑这个道理。"

【点评】

孟子在孔子"德政"和"仁爱"思想的基础上，提出了著名的"仁政"主张，包括减轻刑罚、减少赋税、加强农业生产、推行"孝悌忠信"等道德教育等。孟子认为，只要统治者施行"仁政"，就能发展壮大，以弱胜强，打败那些为政不仁的国家，所以说"仁者无敌"。虽然孟子的具体主张带有明显的时代特征，不符合当今社会的现实，但孟子"仁政"思想的根本精神，还是很值得执政者学习的。

（八）

孟子曰："以力服人者，非心服也，力不赡也；以德服人者，中心悦而诚服也。"（《孟子·公孙丑上》）

【译文】

孟子说："用强力去压服别人的，不能让人发自内心地服从，他们只是因为力量不够而暂时屈服罢了；凭借仁德去使别人自愿归服的，才能让人发自内心、高高兴兴地服从。”

【点评】

这段话中包含了一个成语——心悦诚服。人们会对谁“心悦诚服”呢？服的不是最有力量的人，而是有仁德的人。在现实生活中，人们一般不会发自内心地佩服那些有权有势的人，即使服从，也仅仅是因为畏惧对方的权势。而一旦自己的权势超过了对方，或者对方丧失权势，也就不再畏服对方了。执政者掌握着人民赋予的权力，切不可把它当作压服百姓、为自己谋利的工具，而应该怀有一颗仁德之心，为百姓办实事、谋福利。只有这样，百姓才会“心悦诚服”。

（九）

孟子曰：“仁之胜不仁也，犹水胜火。今之为仁者，犹以一杯水救一车薪之火也；不熄，则谓之水不胜火，此又与于不仁之甚者也，亦终必亡而已矣。”（《孟子·告子上》）

【译文】

孟子说：“仁胜过不仁，就像水可以灭火一样。如今奉行仁道的人，就像用一杯水去灭一车柴草燃起的大火一样；灭不了，就说是水不能灭火。这样的说法正好又助长了那些不仁之徒，结果他们连原本奉行的一点点仁道也失去了。”

【点评】

孟子认为“仁者无敌”。在很多情况下，仁政之所以无法得到有效的推行，就在于执政者的决心不够强，推行的力度不够大，就像“杯水车薪”一样无济于事。因此，当仁政不能得到有效推行的时候，执政者就应该反省自己是否尽到了努力，而不能灰心丧气，半途而废。

绝缨会

春秋时期,有一天,楚庄王大宴群臣,楚王的嫔妃们也纷纷出席助兴。君臣们把酒言欢,直到傍晚仍未尽兴,楚王于是下令点起烛火,并让自己的宠妃许姬为各位臣僚斟酒。

酒至半酣,突然一阵大风刮起,将大堂里的烛火全吹灭了,众人都陷入黑暗之中。这时,许姬突然感到有人在黑暗中拉她的手调戏,于是一把扯断了那人帽子上的缨络,然后迅速来到楚庄王面前,悄悄告诉楚庄王说:"刚才有人暗中想调戏我,我已经抓住了他帽子上的缨络,一会儿点燃烛火,大王看看谁的帽子上没有缨络,就治他的罪。"此时宫人正准备重新点燃烛火,楚庄王却突然下令:"先别点烛火了,黑暗中喝酒才有意思。"过了一会儿,楚庄王问道:"今天我请大家喝酒,各位喝得高兴吗?"群臣齐声回答道:"感谢大王赐宴,我们喝得十分高兴。""那好,我们不拽掉帽子上的缨络,就不算尽兴。"群臣一听,纷纷摘下帽子,扯掉帽子上的缨络,楚庄王这才命人点燃烛火。直到天亮,君臣才尽兴散去。

回到后宫,许姬非常生气,埋怨楚庄王故意包庇调戏她的人。楚庄王说:"我请大臣们喝酒,目的是让大家玩得尽兴。酒后失态乃是人之常情,如果我为了这点小事而治大臣的罪,岂不是大煞风景?"

后来,楚庄王出兵攻打郑国,有一位名叫唐狡的将军特别勇敢,他冲锋陷阵,不畏牺牲,屡建奇功,楚军的士气为之高涨,一直打到郑国的都城方才收兵。楚庄王夸赞统率大军的襄老,襄老说:"这不是我的功劳,是副将唐狡的战功。"于是,楚庄王打算重赏唐狡,并想要加以重用。唐狡说:"我就是那个曾经在宴会上拉许姬手的罪人,大王能隐臣罪而不诛,臣自当拼死效力,哪里还敢奢求奖赏呢?"当天晚上,唐狡便悄悄地离开了。

楚庄王的这次宴会,就是历史上著名的"绝缨会"。楚庄王的宽厚大度,使得很多能臣勇将愿意为他效力,因而楚国越来越强大,最终称霸诸侯,成为"春秋五霸"之一。

载道：朝闻其道，夕死可矣

北宋理学家周敦颐在《通书·文辞》中说："文，所以载道也。"意思是说，写文章是为了说明道理、弘扬精神的。中华民族有着五千多年的文明史，创造了光辉灿烂的文化，出现了很多思想家，形成了许多思想流派，如先秦时期老庄代表的道家、孔孟代表的儒家、墨子代表的墨家、韩非代表的法家、孙武代表的兵家、邹衍代表的阴阳家，两汉时期的经学，魏晋时期的玄学，隋唐时期的佛学，宋明时期的"程朱理学"和"陆王心学"，等等。各家流派都提出了自己的思想和主张，共同塑造了中华民族特有的思维方式和价值观念。

（一）

一阴一阳之谓道。继之者善也，成之者性也。仁者见之谓之仁，知者见之谓之知。（《周易·系辞上》）

【译文】

一阴一阳的相反相生，运转变化，这就是道。继续阴阳之道而产生宇宙万事万物的就是善，成就万事万物的就是性。有仁德的人看到这些，即认为是仁；有智慧的人看到这些，就认为是智。

【点评】

《周易》认为，阴阳的消长是万事万物的共同规律，这个规律因为观察者的不同而有不同的呈现，所以“仁者见仁，智者见智”。《周易》用阴阳、乾坤、刚柔的对立统一来解释宇宙万物和人类社会的一切变化，并提出了“《易》有太极，是生两仪，两仪生四象，四象生八卦”的宇宙观，对中国哲学发展产生了深远的影响。

（二）

道可道，非常道。名可名，非常名。无名，天地之始；有名，万物之母。故常无欲，以观其妙；常有欲，以观其徼。此两者同出而异名，同谓之玄。玄之又玄，众妙之门。（《老子》第一章）

【译文】

道，能够说得出的，就不是永恒的道。名，能够叫得出的，就不是永恒的名。无名的道，是天地的开始；有名的道，是万物的根本。所以，要常从“无”中来观察万物之道的奥妙；要常从“有”中来观察万物之道的规律。“无”与“有”二者名称不同，却同出于“道”，都可以称之为玄妙、深奥。从有名的玄妙到无名的玄妙，是洞悉一切奥妙变化的门径。

【点评】

老子的“道”具有一种对宇宙人生独到的理解和深刻的体察，这源于他对自然界的细致入微的观察和一种强烈的神秘主义直觉。这个“道”，已经超越了人们的日常经验和认知范畴，无法用语言来描述，只能从“有”与“无”的辩证统一中来体会。

（三）

道常无为而无不为，侯王若能守之，万物将自化。化而欲作，吾将镇之以无名之朴。镇之以无名之朴，夫亦将不欲。不欲以静，

天下将自定。（《老子》第三十七章）

【译文】

道通常是顺应自然而无所作为的，然而没有一件事不是它所作为的。侯王如果能固守道的原则，不妄为干涉，万物就能自生自长。万物自生自长而有私欲萌生时，我就用无形的“朴”来压制它。无形的“朴”压制住了它，它也就没有私欲了。没有私欲它就会安静下来，天下便会自然达到稳定的状态。

【点评】

“无名之朴”，亦即无为、无欲的“道”。老子将自然界的“天道”和人类社会的“人道”统一起来，他认为自然界的万事万物无为无欲地运行着，但若碰到外力的干预、催化的话，就会失去秩序而混乱；同样，执政者也应该遵守“道常无为”的原则，以“无名之朴”来“镇服”天下，这样人民就会顺从，天下就会安定。

（四）

子曰：“朝闻道，夕死可矣。”（《论语·里仁》）

【译文】

孔子说：“早晨得知了道，就是当天晚上死去也心甘。”

【点评】

孔子所说的“道”究竟指什么，这在学术界是有争论的。但无论孔子的本意如何，这句话都向我们展示了“信念”的力量。任何时代、任何人，只要他有了坚定的信念，就有了精神支柱和动力，就有了战胜一切艰难险阻的勇气和力量，就能为捍卫真理和正义而奋斗不息，历经磨难而不退缩，屡遭坎坷而不气馁。

（五）

子张曰：“执德不弘，信道不笃，焉能为有？焉能为亡？”

（《论语·子张》）

【译文】

子张说："拥有道德修养却不发扬光大，信仰真理却不坚定，这种人多了他能怎么样？少了他又能怎么样？"

【点评】

子张是孔子的弟子，他在这句话中表达了对那种不能坚持真理、不能坚定信念的人的极度鄙夷。孔子为了实现自己的理想，带着弟子们到处传经讲学，宣传自己的政治主张。他经历过千辛万苦、千难万险，遭遇过无数次挫折，甚至在当时被人讥笑为"知其不可而为之者"（《论语·宪问》）。尽管受到历史时代的局限，当权者不愿接受他的建议，可他直到去世之前也不肯放弃自己的理想。

（六）

恻隐之心，仁之端也；羞恶之心，义之端也；辞让之心，礼之端也；是非之心，智之端也。人之有是四端也，犹其有四体也。（《孟子·公孙丑上》）

【译文】

同情心是仁的发端，羞耻心是义的发端，谦让心是礼的发端，是非心是智的发端。人有这四种发端，就像有四肢一样。

【点评】

孟子主张"性善论"，他认为"人皆有不忍人之心"，即恻隐之心、羞恶之心、辞让之心、是非之心，这"四心"是仁、义、礼、智这四种道德范畴的发端。他在《孟子·告子上》中说："恻隐之心，人皆有之；羞恶之心，人皆有之；恭敬之心，人皆有之；是非之心，人皆有之。恻隐之心，仁也；羞恶之心，义也；恭敬之心，礼也；是非之心，智也。仁义礼智，非由外铄我也，我固有之也，弗思耳矣。"也就是说，仁、义、礼、智这"四端"是人心固有的，所以人性是"本善"的。

(七)

泉涸，鱼相与处于陆，相呴以湿，相濡以沫，不如相忘于江湖。与其誉尧而非桀也，不如两忘而化其道。(《庄子·大宗师》)

【译文】

泉水干涸了，鱼儿共同困在陆地上，用湿气相互滋润，用唾沫相互沾湿，不如在大江大湖里自在悠游而将彼此忘记。与其赞誉唐尧的圣明而非议夏桀的暴虐，不如把他们都忘掉而融化混同于“道”。

【点评】

庄子认为，生死由天命支配，万物不能逃脱，人应该看破生死，而不能干预天命。同理，人世的得失、毁誉也应该看破。所以“誉尧而非桀”也是不足取的，只有“相忘于江湖”“两忘而化其道”，才能成为真正的得道者。

(八)

天命之谓性，率性之谓道，修道之谓教。道也者，不可须臾离也，可离非道也。(《礼记·中庸》)

【译文】

天所赋予人的东西就是“性”，遵循天性就是“道”，遵循道来修养自身就是“教”。“道”是片刻不能离开的，可离开的就不是“道”。

【点评】

《中庸》分别对“性”“道”“教”下了定义，并指出遵循天性的重要性。按照儒家“性善”的理论，修身养性最重要的是恢复本有的“天性”，即仁、义、礼、智、信等美好的性德。这个“天性”要时刻保持，“不可须臾离也”，否则就会让后天养成的一些不好的习惯占了上风，一失足成千古恨，非但不能“从善如登”，反而是“从恶如崩”。

(九)

何期自性,本自清净。何期自性,本不生灭。何期自性,本自具足。何期自性,本无动摇。何期自性,能生万法。(《六祖坛经·行由品》)

【译文】

本性原来是清净的;人生本来就没有来去,没有生死;众生本具佛性,无须外求;每个人本自具足的本性没有动摇;本性就是本体,能生一切万法,世间万事万象都是从这个本体中涌现出来的。

【点评】

六祖惠能法师认为,人的本心原本是清净无垢、不生不灭、不可动摇、自我具足而能生万法的,参透自己内心的善知识,就可以得到解脱。他把人的觉悟从经典和一切外物的束缚中解放出来,对于当时和后世的哲学界是一个很大的冲击。

(十)

四方上下曰宇,往古来今曰宙。宇宙便是吾心,吾心即是宇宙。(《陆九渊年谱》)

【译文】

四方上下的空间就是“宇”,过去未来的时间就是“宙”。整个宇宙是因为被我感知到才存在的,我所感知到的一切,就是这个宇宙的全部。

【点评】

作为宋明两代“心学”的开山鼻祖,陆九渊与朱熹齐名,但与朱熹见解多分歧,主张“心(我)即理”“宇宙便是吾心,吾心即是宇宙”“学苟知本,六经皆我注脚”等。陆九渊的心学尚未用“心”取代程朱理学的“理”,而是通过对孟子言论的阐发和解说来证明“心”的重要地位,强调“心”即“灵明”,不仅主宰着世间的万事万物,也是最普遍的伦理。

坚定信念,追求真理

中国历代都涌现出一些拥有大义凛然气节的精英和贤哲,他们执着地追求自己的理想和信念,即使鞠躬尽瘁,朝闻夕死,也心甘情愿,无怨无悔。

春秋时期,齐、晋两国都出现过秉笔直书、以身殉道的史官群体。齐国太史因直书"崔杼弑其君"而被权臣崔杼所杀,太史的弟弟还这样写,也被杀,另一个弟弟仍然这样写。崔杼慑于太史兄弟前仆后继的正气,最后终于放下屠刀。晋国太史董狐也因不畏权贵,"书法不隐",记下"赵盾弑其君"而被孔子称赞为"古之良史"。从此以后,不畏权贵、秉笔直书就成为中国历代史家所追求的优良传统。

生活在南朝的范缜是无神论者,一生坚持身亡神灭之说,虽然因此而遭到当权者组织的一次又一次的围攻,但在种种威逼利诱面前,他始终不改初衷,坚持真理,"辩摧众口,日服千人"。

初唐高僧玄奘"舍身求法",前往佛教发源地广求梵文原本佛经。公元 627 年,他孤身一人从长安出发,穿越河西走廊,出玉门关,过戈壁荒滩,翻冰峰雪原,终于抵达天竺。他食不甘味,寝不安席,四处拜师,苦学梵文,搜集不同版本经典,参加各派佛学辩论,喜得 657 部佛经及大批佛像,于 645 年回到长安。后在唐太宗的支持下,主持翻译佛经。他十九年如一日,"三更暂眠,五更复起,读诵梵本,朱点次第",直到圆寂,共翻译佛经 74 部,1335 卷,平均每年翻译 170 多卷,把毕生精力都献给了他虔诚信仰的取经、译经和讲经事业。

不管是秉笔直书的史官,还是主张神灭论的范缜,抑或是把一生都献给弘扬佛法事业的玄奘,他们都有一个共同的特点,那就是把人生信念作为人生的重要支点,他们身上表现出的凛然正气都以自己对人生与社会,对国家与民族的坚定信念为基础。由此可见,一个人只要胸怀正气,坚定信念,不管做什么,都会获得一种巨大的力量之源。

仁爱：仁民爱物，悲天悯人

“仁爱”是中国传统文化的核心思想理念，其内涵包括尽己之“忠”与推己之“恕”。一方面是“己欲立而立人，己欲达而达人”，意思是说自己想要站得住，同时也要让别人站得住；自己想通达起来，同时也要让别人通达起来。另一方面是“己所不欲，勿施于人”，自己不想要的，也不要强加给别人。儒家的仁爱以“孝”为起点，然后推己及人，由爱亲人推到爱大众，由爱大众推到爱万物。在政治上，仁爱就是要求执政者施行仁政、德政，这种思想对中国古代社会产生了非常深远的影响。

（一）

樊迟问仁。子曰：“爱人。”（《论语·颜渊》）

【译文】

樊迟问什么是仁。孔子说：“爱别人。”

【点评】

孔子提倡仁爱，他希望人人都能将心比心，推己及人。一个人如果宅心仁厚，诚实守信，遵纪守法，爱岗敬业，服务百姓，奉献社会，必将被人们称颂；相反，如果不仁不义，违背良心，损人利己，甚至为非作歹，铤而走险，走上违法犯罪的道路，必将为世人唾弃。对于国家来说，如果人人都有一颗“仁爱”之心，都只做有益于国家、人民的事，那么社会就会和谐，天下就会太平。

（二）

厩焚。子退朝，曰：“伤人乎？”不问马。（《论语·乡党》）

【译文】

孔子家的马棚失火了。孔子从朝中回来后，问：“伤到人了吗？”而没有问马的情况。

【点评】

这是孔子“爱人”的典型事例。孔子得到自己家马棚失火的消息后，不是先问马匹和财产是否受到损失，而是先问人有没有受伤，说明在孔子心目中人比财产更重要，体现了他的人道主义精神。在这个世界上，一个不爱惜他人生命而只关心财产的人，他的财产生命也将得不到保障。

（三）

子曰：“唯仁者能好人，能恶人。”（《论语·里仁》）

【译文】

孔子说：“只有那些有仁德的人，才能爱人和恨人。”

【点评】

仁者爱人以德，待人以诚，总是成人之美，尽心尽力帮助别人走正道，而对那些心术不正的人恨之入骨。那些没有仁德的人，他们对一个人的好恶总是以自己的利益为导向，有利则好，利尽则恶，在他们心中，既没有永远的朋友，也没有永远的敌人，当然也就谈不上真正的爱与恨了。俗话说“近朱者赤，近墨者黑”，从古至今，多少人因为交错了朋友而误入歧途。由此可见，人生在世能否分清善人、恶人是非常重要的，这就需要有一个正确的爱恨观。

(四)

子钓而不纲，弋不射宿。(《论语·述而》)

【译文】

孔子钓鱼，是用钓鱼竿钓鱼而不是用渔网捕鱼；孔子射鸟，不射已经归巢的鸟。

【点评】

在这里，我们感受到的孔子，是一个心地善良、亲近自然的圣人。我们不仅能体会到他逍遥自在、享受生活的乐观精神，也能充分感受到他对万事万物的仁爱之心。对比孔子，现代人对自然的肆意开发、掠夺和破坏，对动物的凶残捕杀，应该引起人们的正视和反省。

(五)

当察乱何自起？起不相爱。臣子之不孝君父，所谓乱也；子自爱，不爱父，故亏父而自利；弟自爱，不爱兄，故亏兄而自利；臣自爱，不爱君，故亏君而自利，此所谓乱也。虽父之不慈子，兄之不慈弟，君之不慈臣，此亦天下之所谓乱也。父自爱也，不爱子，故亏子而自利；兄自爱也，不爱弟，故亏弟而自利；君自爱也，不爱臣，故亏臣而自利。是何也？皆起不相爱。(《墨子·兼爱上》)

【译文】

圣人尝试考察变乱产生于什么呢？变乱产生于人们不互相爱护。臣下与儿子不孝敬国君和父亲，这就是祸乱；儿子只爱自己而不爱父亲，所以会损父而利己；弟弟只爱自己而不爱兄长，所以会损兄而利己；臣下只爱自己而不爱国君，所以会损君而利己，这就是所谓的祸乱。但就算父亲不慈爱儿子，兄长不慈爱弟弟，国君不慈爱臣下，也属于祸乱天下的事。父亲只爱自己而不爱儿子，因此损子而利己；兄长只爱自己而不爱弟弟，因此损弟而利己；国君只爱自己而不爱臣下，因此损臣而利己。这些事是如何产生的呢？都源于不相爱啊。

【点评】

墨子最推崇的主张就是“兼爱”，所谓“兼爱”，就是不分民族、贵贱、长幼地对天下所有人都用同等的爱来对待。同是主张博爱，儒家的“仁爱”以孝悌为根本，主张在“亲亲”的基础上推己及人，再推人及物；墨子的“兼爱”主张是一种取消等级差别后的普遍之爱。有人认为儒家的“仁爱”是一种有等级、有差别的爱，是为了维护宗法制度，而墨家的爱是一种真正的博爱，更值得尊敬和推行。其实，因为宗法制度的客观存在，儒家接受现实，并在此基础上提出了以孝悌为根本并推己及人的仁爱，而且认为只有维护宗法制度，进而维护社会的稳定，仁爱才能真正得到实施。反观墨家的“兼爱”，只是一种伟大的理想，从来没有真正推行过，墨家也提不出切实可行的措施，这也是为什么曾经与儒家学说并称“显学”的墨家学说仅仅昙花一现的原因之一。

（六）

孟子曰：“君子所以异于人者，以其存心也。君子以仁存心，以礼存心。仁者爱人，有礼者敬人。爱人者，人恒爱之；敬人者，人恒敬之。”（《孟子·离娄下》）

【译文】

孟子说：“君子与一般人不同的地方在于，他内心所怀的念头不同。君子内心所怀的念头是仁、是礼。仁者爱他人，有礼的人尊敬他人。爱他人的人，他人也总是爱他；尊敬他人的人，别人也总是尊敬他。”

【点评】

孟子继承并发展了孔子的仁学，提出了“爱人者，人恒爱之；敬人者，人恒敬之”这一千古名言。孟子的目的，是劝导人们互爱互敬。力的作用是相互的，爱的作用也是相互的，一个尊敬、关爱他人，凡事先为他人着想的人，也会得到他人的尊敬和关爱。如果人人都能互爱互敬，彼此之间的纠葛矛盾就没有了，整个社会的文明程度也就大大提高了。

（七）

仲尼曰："始作俑者，其无后乎！"为其象人而用之也，如之何其使斯民饥而死也？（《孟子·梁惠王上》）

【译文】

孔子说："第一个制作土偶陶俑来殉葬的人，大概已断子绝孙了吧！"就是因为土偶陶俑酷似真人而用它来殉葬（才导致了后世用活人殉葬的恶俗。连用土偶陶俑殉葬都不行），又怎能让这些百姓活活饿死呢？

【点评】

先秦时期，殉葬是很普遍的事情，殉葬的人数越多，就越能显示出一个人的身份和地位。孔子认为，殉葬品经历了从用草人到土偶陶俑再到用活人陪葬的演变，草人只是略微像人形，而土偶陶俑非常像活人，最终直接用活人殉葬了。因此孔子对那个最初采用土偶陶俑殉葬的人深恶痛绝，并发出了这句非常著名的咒骂。后来，秦始皇用了许多陶俑来陪葬，也就是今天闻名世界的秦始皇陵兵马俑，甚至为秦始皇殉葬的活人也有上万人。秦朝的短命结局也恰恰印证了孔子的这句诅咒，秦始皇的后代一个也没有留存下来。后来殉葬恶俗渐渐消失，"始作俑者"也渐渐成为成语。但孔子的这句咒骂，至今还是那么荡气回肠。

（八）

孟子曰："君子之于物也，爱之而弗仁；于民也，仁之而弗亲。亲亲而仁民，仁民而爱物。"（《孟子·尽心上》）

【译文】

孟子说："君子对万物爱惜，但谈不上仁爱；君子对百姓仁爱，但谈不上亲爱。亲爱亲人才能仁爱百姓，仁爱百姓才能爱惜万物。”

【点评】

孟子在这里谈了三种“爱”。对于物，主要是爱惜。爱惜的具体表现，就是要“取之有时，用之有节”。对于民，也就是百姓，需要仁爱。仁爱的具体表现，就是孟子所说的“老吾老，以及人之老；幼吾幼，以及人之幼”。对于亲，也就是自己的亲人，则不是爱惜和仁爱的问题，而是一种以血缘关系为纽带的亲爱，是“爱”之中最自然、最亲密的一个层次。只有当你能亲爱亲人时，才有可能推己及人地去仁爱百姓；只有当你能仁爱百姓时，才有可能爱惜万物。尽管孟子认为爱有“差等”，但他的这三种爱，总体来说都属于广义的仁爱。

（九）

人必其自爱也，而后人爱诸；人必其自敬也，而后人敬诸。自爱，仁之至也；自敬，礼之至也。未有不自爱敬而人爱敬之者也。（西汉·扬雄《法言·君子》）

【译文】

人必须先爱自己，而后别人才会爱他；人必须先敬自己，而后别人才会敬他。爱自己是仁的极致，敬自己是礼的极致。世界上没有不自爱、不自敬而能被别人爱戴和尊敬的人。

【点评】

自爱、自敬绝不是孤芳自赏，更不是唯我独尊，而是珍爱生命、热爱生活的体现。只有自爱、自敬的人，才懂得敬爱他人，而一个自暴自弃、连自己都不爱的人，又怎么可能敬爱别人呢？一个人要先做到爱自己，进而把自爱之心推及别人，才能成为真正的仁者。

(十)

圣人一视而同仁，笃近而举远。（唐·韩愈《原人》）

【译文】

圣人对所有人都一样看待，同施仁爱；对亲近的人待以宽厚，对疏远的人该举荐也同样举荐。

【点评】

在韩愈看来，真正的圣人对待百姓会“一视同仁”，同样仁爱，无论亲疏远近都会量才而用，不会因为亲疏远近而厚此薄彼。这句话强调的本来是“仁爱”，后来“一视同仁”成为成语，意思偏重于对所有人同等看待，不分厚薄。

(十一)

民，吾同胞；物，吾与也。（北宋·张载《正蒙·乾称》）

【译文】

民众是我的同胞，万物是我的朋友。

【点评】

这句话体现了著名理学家张载心系苍生、胸怀天下的责任意识和精神追求。要达到“民胞物与”的境界，首先要超越狭隘的自身，张载称这个过程为“大心”——“大其心，则能体天下之物”。也就是说，只有使自己的心量扩充到天地宇宙的程度，才能体会到自己与他人和万物息息相关、休戚与共的关系。张载一生以天下为己任，忧民之忧，无论居官从政，还是著书讲学，都体现出“仁者爱人”的伟大精神。他的行为和思想影响了周围的人，他所生活的关中一带，民风也为之大变。

(十二)

仁者无不爱。凡爱人爱物,皆爱也。故其所感甚深,所及甚广。在上则人咸戴焉,在下则人咸亲焉。己逸,则必念人之劳;己安,而必思人之苦。万物一体,痌瘝切身,斯为德之盛、仁之至。(《庭训格言》)

【译文】

有仁德的人没有他不关心爱护的。凡是爱人、爱物,所有的爱都是从内心发出的。因此他的感受非常深,他所爱的对象也非常广。所以他在上为官时,众人都会爱戴他;在下为民时,众人都会亲近他。他感到安逸时,一定会想到别人的劳苦;他感到安适时,也一定会想到他人的苦难。他对天下万物都一视同仁,一切的痛苦和疾病,他都感同身受,这就做到了道德的盛大、仁爱的极致了。

【点评】

这段话指出,真正有仁德的人是博爱的,这种博爱是发自内心的,而不是表面上做做样子。一个人能将仁爱推己及人,对别人的苦难感同身受,一定能受到众人的亲近和爱戴,他自己也许并不执着于功成名就,扬名后世,但众人一定会推动他功成名就,并永远铭记他的功劳。

商汤桑林祈雨,网开三面

商汤(约公元前1670—前1587),即"成汤",原为夏代的一个诸侯,他在伊尹、仲虺等人的辅佐下国势渐强,十一征而无敌于天下,后在鸣条之战中大败残暴不仁的夏桀,灭掉夏朝,建立商朝。

商汤吸取夏朝灭亡的教训,要求官员"有功于民,勤力乃事",否则就要"大罚殛汝"。商汤宽厚仁德,在他统治期间,国家政局较为稳定,国力日益强盛,百姓安居乐业,为商朝长达600多年的统治奠定了基础。

桑林祈雨

传说商汤灭夏之后,天下大旱,连续五年颗粒无收,百姓苦不堪言。商汤于是亲自在桑林中向上天祈求甘霖,他说:“如果是我一个人的罪过,不要殃及无辜的百姓;如果是百姓的罪过,也由我独自承担,不要因为我一个人触犯了上天,使上帝鬼神伤害百姓的性命。”商汤于是剪断自己的头发,捞起自己的手指,把自己的身体当作牺牲品,向上帝祈福。民心因此振奋,大雨倾泻而下。

网开三面

有一次,商汤外出,看见一处茂盛的树林里有个人正在张挂捕鸟兽的大网,挂得东南西北四面都是。网挂好后,这个农夫跪在地上祈祷说:“求上天保佑,愿天上飞的,地下跑的,从四面八方来的鸟兽都进入我的网里来。”商汤听了以后,感慨地说:“只有夏桀才会这样挂网啊!要是这样张网,所有的鸟兽都会被捕光啊!”于是他让侍从把张挂的网撤掉三面,只留下一面。商汤也跪在地上对上天祈祷说:“天上飞的,地上走的,想往左跑的,就往左跑;想往右跑的,就往右跑;不听话的,才往网里钻吧。”诸侯听说这件事后,都称赞商汤的仁德,于是全部归附于商。这就是成语“网开三面”的由来。

守正:政者正也,身正令行

从政当以守正为要。孔子曰:“政者,正也。子帅以正,孰敢不正?”只有守正,才能影响和带动他人,形成风清气正的良好氛围;唯有守正,才能赢得信任和支持,更好地履行职责。历史证明,无论任何人,只要心术不正,哪怕能力再强,也难成大事;即便成功,也难以长久,终会一败涂地、身败名裂。只有品行端正者,才能成就大事;只有心怀天下,以社稷为重、为百姓谋利的执政者,才能建立不朽功业,为百姓传颂。

(一)

衣冠不正,则宾者不肃。进退无仪,则政令不行。(《管子·形势解》)

【译文】

主人衣冠不整,宾客的态度就会不恭敬。行动上没有仪态,政令就不能通行。

【点评】

仪表是个人的外在形象,礼节则是国家的名片。衣冠不整齐,是对别人的不尊重,别人就不会恭敬地对待自己。不守礼节的国家就没有规矩,百姓也不会真正服从执政者，政令就无法真正推行。如果想要别人对自己恭敬，就要严肃对待自己由内到外的形象，端正自己的行为。如果执政者想要百姓听从政令，也要首先让自己的行动得体。

（二）

子曰：“苟正其身矣，于从政乎何有？不能正其身，如正人何？”（《论语·子路》）

【译文】

孔子说：“如果端正了自身的行为，管理政事还有什么困难呢？如果不端正自身的行为，又怎么能去纠正别人的错误呢？”

【点评】

孔子将“正身”看作管理政事的重要品格。正所谓上行下效，执政者只有端正自己的思想、行为和作风，才能让别人看到并愿意去改正自己的错误，管理政事就会顺畅。相反，执政者的思想、行为、作风不够端正，就会传染给其他人，形成不良的风气，管理政事就会非常困难。

（三）

子曰：“其身正，不令而行；其身不正，虽令不从。”（《论语·子路》）

【译文】

孔子说：“自身行为端正，不用发布命令，百姓就会去做；自身行为不端正，即使发布命令，百姓也不会服从。”

【点评】

在这里，孔子提出了“身正”的重要性，强调端正自身行为对身居上位者的重要作用。对于一个国家来说，执政者只有完善自身的品德，采取合宜、正当的行为，才能让百姓自然地去安分守法；如果执政者昏聩腐败，即使连发命令，百姓也不会执行。

(四)

季康子问政于孔子。孔子对曰:“政者,正也。子帅以正,孰敢不正?”(《论语·颜渊》)

【译文】

季康子问孔子治国理政之道。孔子回答说:“政就是端正。您自己率先端正自己,谁还敢不端正自己呢?”

【点评】

“政治”的关键在于“政”,而不是“治”。“政”就是“正”,是公正、平等,是正义、正道。执政者应充分理解“政”的含义,带头遵循正道,公正办事,公平待人,这样百姓就会顺从执政者走正道,社会自然就安定了。

(五)

名不正,则言不顺;言不顺,则事不成;事不成,则礼乐不兴;礼乐不兴,则刑罚不中;刑罚不中,则民无所措手足。故君子名之必可言也,言之必可行也。君子于其言,无所苟而已矣。(《论语·子路》)

【译文】

名分不正当,言语就不能顺当合理;言语不顺当合理,事情就不能办成;事情办不成,礼乐制度就建立不起来;礼乐制度建立不起来,刑罚就不能得当;刑罚不得当,百姓就会不知所措。所以君子有必要确定一个准确的名分,说出来就一定能行得通。君子对于自己的言行,是从不马虎草率的。

【点评】

“正名”是孔子的重要思想,所谓的“名”,即社会角色,也就是所处的地位。孔子说:“名不正,则言不顺;言不顺,则事不成。”一个人应该做好分内之事,不要越位做事,不要做不属于自己职权范围内的事,否则就是“名不正，言不顺”，会遭到众人的反对，难以成功。

(六)

孟子曰：“有事君人者，事是君则为容悦者也。有安社稷臣者，以安社稷为悦者也。有天民者，达可行于天下而后行之者也。有大人者，正己而物正者也。”(《孟子·尽心上》)

【译文】

孟子说：“侍奉君王的人，以用自己的容色来取悦君王为乐事；安邦定国的臣子，以安定国家社稷为乐事；顺应天理的人，当自己的主张能通行天下时才去推行；伟大的人，端正了自己，天下万物也随之端正。”

【点评】

在这里，孟子展现了四种人实现自我价值的不同方式。“事君人者”会专门以阿谀奉承作为取悦君王、获得官爵的方式，然而可能并不能长久；“安社稷者”往往有真才实学，但也可能会因思维局限出现“愚忠”的情况；“天民者”以“替天行道”为己任，他们并不受一国一君的局限，而是会寻找真正能发挥作用的地方去实现价值；“大人者”是用自己的圣德感化万物，先正己而后影响天下，百年难遇。由此可见，从政者如何选择自己的从政之路，的确是个大学问。

(七)

正直者顺道而行，顺理而言，公平无私，不为安肆志，不为危易行。(西汉·韩婴《韩诗外传》)

【译文】

正直的人会顺从于正道行事，依照道理讲话，追求公正、平等、无私，不因为安逸就放纵自己的意志，不因为危难就改变自己的品行。

【点评】

这里说的是正直人说话做事所遵循的原则，这样的标准、原则也同样适用于执政者。一个正直的执政者，能在处理各种政事的时候秉承正确的原则，做出正确的决策，能在关系到百姓切身利益的问题上，追求公正、平等、无私，在诱惑面前始终保持清正廉洁，如此便能获得百姓的认可，获得百姓的真心拥戴。

（八）

圣人不求誉，不辟诽，正身直行，众邪自息。今释正而追曲，倍是而从众，是与俗俪走，而内行无绳，故圣人反己而弗由也。（《淮南子·缪称训》）

【译文】

圣人不求名誉，不逃避诽谤，端正自身行为勇往直行，所以各种奸邪会自然平息。如今放弃正道而追求邪曲，背离正确而随从众人，这是与世俗同流合污，而自己的内心没有了行为准则，所以圣人是返回本性而不是随波逐流。

【点评】

有些人每天都在追求名誉、逃避诽谤，不知不觉就失去了自己的原则，逐渐放弃正道，去追求邪辟的东西，造成道路越走越窄，却不知道返回本性、端正行为才能勇往直前的道理。作为执政者，首先要做到“正身直行”，才能引导人民返回正道，重拾中华民族的正义精神，各种邪恶的事情也就自然销声匿迹了。

（九）

贞观初，太宗谓侍臣曰：“为君之道，必须先存百姓。若损百姓以奉其身，犹割股以啖腹，腹饱而身毙。若安天下，必须先正其身，未有身正而影曲，上治而下乱者。”（《贞观政要·论君道》）

【译文】

贞观初年，唐太宗对侍臣说："为君之道，必须首先把百姓放在心里。如果以损害百姓利益来奉养己身，就如同割大腿上的肉吃来填饱肚子，肚子填饱了而人却死了。如果要安定天下，必须先端正自身，没有听说过身子端正影子却歪斜的，也不曾有统治者治理有方而百姓却发生动乱的事情。"

【点评】

"贞观之治"是唐朝第一个盛世，与李世民的爱民、重民政策是离不开的，更与他和房玄龄、魏征等一班贤臣能端正自身品行、遵行道义分不开。执政者自身就是严肃端正的，百姓便能安居乐业，便不会发生动乱。反观历史上的"乱世"，多数都是因为执政者荒淫无道，致使民不聊生，百姓才被迫起来反抗。

（十）

在上不骄，在下不谄，此进退之中道也。（北宋·王安石《上龚舍人书》）

【译文】

身居高位而不骄傲专横，身处下位而不谄媚奉承，这是进退的正确方式。

【点评】

有些人身居高位就容易颐指气使、盛气凌人，身处下位就对上司阿谀奉承、巴结讨好。身居高位又骄横的人一旦失去权势就会被人唾弃，身处下位又阿谀奉承的人得不到切实好处时，就可能走上极端。执政者要以正确的态度为人处世，做到既不骄横也不谄媚，如此才能在或进或退中实现自由。

（十一）

以仁安人，以义正我。仁，人也；义，我也。仁之法在爱人，不

在爱我;义之法在正我,不在正人。众人不察而反之,诡其处而逆其理,鲜不乱矣。(清·王永彬《围炉夜话》)

【译文】

用仁德安抚他人,用义理约束自己。仁,是对他人而言的;义,是对自己而言的。推行仁德的重点在于爱他人,不在于爱自己;维护义理的重点在于端正自己,不在于端正他人。一般人不明白这个道理,反其道行之,结果便混淆了他人与自己的关系,违背了自然天理,哪有不引起混乱的呢?

【点评】

"仁义"是中华传统道德思想的精髓,是维系人际和谐、社会稳定的重要因素。在这里,董仲舒认为"仁在爱人,义在正己",即是说要宽以待人、严以律己。对于执政者来说,如果能对百姓多一些仁爱和关怀,对自己多一些约束和规范,社会就会变得更加和谐。

(十二)

惟正己可以化人,惟尽己可以服人。(《曾国藩家书》)

【译文】

只有先端正自己才可以去教化别人,只有先尽到自己的责任,才可以让别人信服。

【点评】

曾国藩是晚清时期的重臣,集军事家、理学家、政治家、文学家等诸多身份于一身,实现了立功、立德、立言"三不朽",被誉为修身、齐家、治国、平天下皆有成就的"千古完人"。曾国藩出身寒微,没有强大的背景,相貌平平,天资也一般,却能在晚清政坛中坐到高位,获得极高的声誉,内中原因从他的家书中可见一斑。他不仅自己坚持做到"正己化人",还不忘告诫家人也要时刻端正自己的行为,为曾氏一族确立了严谨的家风。

一代枭雄,正身严家

曹操是历史上很有作为的政治家和军事家,他一生坚守"不执法,无以治"的信条。古人说:"刑于寡妻,至于兄弟,以御于家邦。"就是说,执政者如果能以身作则,感化自己的妻子和兄弟,就可以治理好家族和国家。曹操就是这样的一个人,他位极人臣,手握重权,却能以身作则,严格治家而不徇私情。

曹操的儿子曹植聪明伶俐、才高八斗、学富五车,深得曹操的宠爱。曹操一向主张"用人唯才",甚至想打破"立嫡以长不以贤"的传统,确立曹植为他的继承人。

有一次,曹植私自乘车,从司马门出行。司马门是专供帝王出入的大门,曹植从司马门出门,无疑践踏了朝廷的法规,是一种越礼的行为。曹操听说后非常生气,下令把守司马门的公车令处死,因为他没有对曹植的行为有所阻拦。接着,曹操又下令说,曹植私开司马门,他对这个儿子要"另眼相看"了。曹操一生执法甚严,尽管他喜爱才华横溢的曹植,素来对他过多关注和期望,但看到曹植这样明目张胆地以身试法,他也难再姑息放纵。然而,狂放不羁的曹植却不吸取教训,屡次触碰曹操的底线,让曹操对他彻底失望,最终确立曹丕为继承人。

古人说"国有国法,家有家规",无论是身居高位的执政者,还是在家庭之中身居长位的家长,都应该时常提醒自己小心谨慎,说话、做事都要讲规矩、讲原则,绝不能随心所欲、为所欲为。自己做到后,再去要求自己身边的人。如此,家庭、社会、国家才能和谐发展,有序运行。

重义：见利思义，舍生取义

“义”是传统价值观对人生的终极目标和根本价值的思考与追求，是判断是非善恶的标准。“义者，宜也”，也就是应当、合宜、正当；义，是“人之正路”，是人应该遵循的最高道义。在“义”与“利”发生冲突时，小人重利，君子重义；小人顾眼前，君子重永恒；小人计较个人得失，君子心怀天下。“孔曰成仁，孟曰取义”，“义”与“仁”一样，已经深深地融入了中华民族的价值观念和道德体系之中。

（一）

不义而富且贵，于我如浮云。（《论语·述而》）

【译文】

做了不义的事情而让自己变得富足、尊贵，在我看来，这种富贵就如同天上的浮云一样。

【点评】

在这里，孔子表达了一种非常朴素的道德观念。他认为，有理想、有志向的君子，是能“安贫乐道”的人，能将自己对于社会、国家的理想，寄寓在日常生活中，而对于不以道义的方式获得的荣华富贵，是坚决不能接受的。因为各种荣华富贵，对孔子以及他所认为的君子们来说，就像天上的浮云一样，无法拥有，也不能恒久。

（二）

子曰：“君子喻于义，小人喻于利。”（《论语·里仁》）

【译文】

孔子说：“君子明白大义，小人只知道利益。”

【点评】

君子与小人有着不同的价值取向。君子行事是按照“义以为质”的原则，做什么或是不做什么，都是“义之与比”后才为之，看到“利”首先应想到“义”，如《论语·子张》所说的“士见危致命，见得思义”。小人则只讲利益，将可获得利益的多少作为衡量标准，甚至会为了获得利益甘愿舍弃道义。

（三）

上下交征利而国危矣。万乘之国弑其君者，必千乘之家；千乘之国弑其君者，必百乘之家。万取千焉，千取百焉，不为不多矣。苟为后义而先利，不夺不餍。未有仁而遗其亲者也，未有义而后其君者也。王亦曰仁义而已矣，何必曰利？（《孟子·梁惠王上》）

【译文】

如果全国上上下下都在争夺利益，这个国家就危险了。在一个拥有万辆兵车的国家里，杀害他们国君的，一定是拥有千辆兵车的大夫；在一个拥有千辆兵车的国家里，杀害他们国君的，一定是拥有百辆兵车的大夫。这些大夫，在万辆兵车的国家里就拥有千辆兵车，在千辆兵车的国家里就拥有百辆兵车，他们所拥有的不算不多了。如果将“义”放在后面，而将“利”摆在前面，他们不夺得国君的地位是永远不会满足的。反过来说，从来没有仁厚却抛弃父母的人，也从来没有有道义却不顾君王的人。所以，君王只需说仁义就可以了，有什么必要说利益呢？

【点评】

这里说的是“义”与“利”的关系问题，即执政者只要秉持“义”在前而“利”在后，就能获得国泰民安的局面；“利”在前而“义”在后，就可能引发政乱民反的灾祸。所以，执政者只有平衡好“义”与“利”之间的关系，才能使国家和社会始终处在向好、可控的状态中。

（四）

生，亦我所欲也；义，亦我所欲也。二者不可得兼，舍生而取义者也。（《孟子·告子上》）

【译文】

生命，是我想拥有的；道义，也是我想拥有的。两者不能同时拥有的时候，我就舍弃生命，选择道义。

【点评】

当生命与道义产生冲突，不能同时得到，必须放弃其中一个时，不同的人可能会有不同的选择。历史上流传下来的诸多人物故事，既有为了生存而放弃道义的，也有为了坚守道义而舍弃生命的。正像诗人臧克家的诗中所写的那样：“有的人活着，他已经死了；有的人死了，他还活着。”

（五）

行一不义，杀一不辜，而得天下，皆不为也。（《孟子·公孙丑上》）

【译文】

让他们干一件不义的事情，杀一个无辜的人而得到天下，他们也不会愿意去干的。

【点评】

这句话是孟子称赞伯夷、伊尹、孔子这三位历史人物时说的，意思是真正的君子无论在任何时候、任何情况下，都不会做不义的事情。有一则神话故事，汉钟离是吕洞宾的师父，他要教吕洞宾“点石成金”的法术去救济穷人。吕洞宾问：“石头变成金子以后会不会变回来？”汉钟离说：“五百年后，当复本质。”吕洞宾说：“那我就害到五百年后的人了，这个我不学。”汉钟离不禁叹道：“你的道行虽然暂时不如我，但你将来的正果一定在我之上！”

（六）

身劳而心安，为之；利少而义多，为之；事乱君而通，不如事穷君而顺焉。（《荀子·修身》）

【译文】

可能会让身体疲劳却可使心灵得以安适的事，要去做；可能获利很少却遵循道义的事，要去做；与其侍奉行乱政的君王而官运亨通，不如侍奉穷困的君王而能顺从道义。

【点评】

荀子认为道义而非利益是衡量一件事情是否值得去做的标准，并在此基础上，进一步提出了自己的观点：与其侍奉乱政的君王获得仕途上的升迁，不如侍奉陷入贫困但遵循道义的君王。这样的话，个人便能获得心灵上的安适，并能坚守道义。

（七）

怒则思理，危不忘义。（西汉·刘向《说苑·立节》）

【译文】

愤怒时就要思考常理，危险时不要忘记道义。

【点评】

人在愤怒时，是很难控制情绪的，在这种状态下很容易忘记常理，从而做出一些错误的选择。同样，人在危险时，可能会出于求生的本能而忽视道德的约束，从而做出一些违背道义的事情。常理和道义，都不具备强制性，想要增强它们的约束作用，就需要人们在日常生活中常存道义观念，只有这样，才能在愤怒和危险降临的时候，不至于做出让自己后悔的事情来。

(八)

义动君子，利动贪人。(西汉·董仲舒《论御匈奴》)

【译文】

正义能感动有道德的君子，利益能打动贪财的小人。

【点评】

当面临正义和利益的选择时，有道德的君子会着眼于正义，甚至可以为实现最广大的正义而牺牲个人的利益，这样的人是真正为百姓做实事的人，是值得被百姓歌颂的人。贪财的小人会首先着眼于自己将要获得的利益，甚至可以为了利益抛弃正义，抛弃人类良知也在所不惜，这样的人必然会遭到百姓的唾弃。

(九)

闻命而奔走者，好利者也；直己而行道者，好义者也。(唐·韩愈《上张仆射书》)

【译文】

听到命令就马上行动的人，都是重视私利的人；能守正不阿而努力实践道义的人，都是喜欢施行道义的人。

【点评】

在对待君命的问题上，重“义”的人与重“利”的人有着截然不同的态度：看重“利”的人往往也是唯命是从的人，因为这样能获得即时的好处；真正看重“义”的人则能遵从“义”的要求，而非仅仅是君王的命令。所以，信陵君能从赵国的存亡大义出发，而非从个人的安危考虑，毅然决然地夺取了魏军的指挥权，统率亲自挑选出来的精壮力量，解了邯郸之围，将赵国从水深火热中解救出来，成就了一段历史佳话。

（十）

幸人之灾，不仁；背人之施，不义。（明·冯梦龙《东周列国志》）

【译文】

在他人遭遇灾难时幸灾乐祸是不仁义的，背叛对自己有过恩惠的人是不道义的。

【点评】

春秋时期，有一年，晋国发生了严重的饥荒，晋惠公向秦国借粮，秦穆公将数万斛粟借给了晋国，缓解了晋国的饥荒。第二年冬天，秦国也出现了大范围的饥荒，于是向获得大丰收的晋国借粮。晋惠公召集众大臣商议，认为不应借给秦国粮食，而应趁机伐秦。有的大臣认为这样做是不仁义的行为，但晋惠公一意孤行，立即动员军队，朝秦晋边境进发。秦穆公听说后立即出兵迎击，在韩原与晋军交战，大败晋军，晋惠公被俘虏。这个史实告诉我们，一个人忘恩负义，不仁不义，终将自食恶果。

文天祥杀身成仁,公子急舍生取义

儒家思想中所提倡的“杀身成仁”“舍生取义”精神,是历代志士仁人坚守的人生信条。据《宋史·文天祥传》记载,文天祥死后,他的妻子前去收尸,发现他在自己的衣带上写道:“孔曰成仁,孟曰取义,惟其义尽,所以仁至。读圣贤书,所学何事?而今而后,庶几无愧。”意思是说,孔子教导我们成仁,孟子教导我们取义,只要把道义做到了极点,仁德自然也就做到了极致。我们读圣贤书,学到了什么?从今往后,我再也没有可愧疚的事情了。

春秋时期的卫国,也有一个“舍生取义”的感人故事。卫宣公是个昏君,他的夫人夷姜生下的公子急,被立为太子。后来卫宣公又娶了齐姜,齐姜给他生了两个儿子——公子寿和公子朔。公子寿与公子急关系非常好,公子朔却想要夺取公子急的太子之位,就暗地里蓄养死士。后来,卫宣公派公子急出使齐国,公子朔和齐姜就密谋派死士假扮强盗,在半路上截杀公子急,并把计划告诉了公子寿。于是公子寿就找到公子急,把公子朔的计划告诉他,劝他出奔他国。公子急认为父命不可违,仍然决定出使齐国。

当天夜里,公子寿摆下宴席为公子急饯行,把公子急灌得酩酊大醉。公子寿换上公子急的衣服,拿着出使的文书,给公子急留下一封信就离开了。走到半路,公子寿果然遇上了埋伏的盗贼,他说自己便是卫国的太子,于是被他们杀害了。

公子急酒醒后看到了公子寿留给他的信,知道公子寿是代自己赴死了,便哭着前去追赶,正好遇见了杀死公子寿的盗贼。公子急对他们说自己才是公子急,他们杀掉的是公子寿,请求他们把自己杀掉,于是他也被杀害了。就这样,公子寿和公子急都为了保全道义,献出了自己的生命,完成了为彼此之间的情谊而舍生取义、杀身成仁的悲壮之举。

知礼:克己复礼,天下归仁

孔子学说的核心思想是"仁",而"仁"的客观标准是"礼"。孔子提出"克己复礼"的思想,要求人们自觉地约束自己,在既定的位置上以"礼"的标准正确处理上下左右的关系,如为君要仁,为臣要忠,为父要慈,为子要孝,等等。"礼"要求每个社会成员恪守既定的社会关系,也赋予他们一定的道德责任。如果人们都恪守这些关系,履行各自的道德责任,社会就会稳定和谐;反之,如果秩序受到破坏,社会便会动荡不安。

(一)

颜渊问仁。子曰:"克己复礼为仁。一日克己复礼,天下归仁焉。"(《论语·颜渊》)

【译文】

颜渊问怎样做才是仁。孔子说:"约束自己,一切都照着礼的要求去做,这就是仁。一旦这样做了,天下人就都归于仁了。"

【点评】

孔子的"克己复礼"包括两个方面的内容,一是"克己",二是"复礼",综合起来,就是按照"礼"的规定约束自己的行为。孔子认为只有这样,社会才能安定和谐,人民才能安居乐业,人与人之间才能充满友爱。相反，如果人人都越礼而行，为所欲为，整个社会就会乌烟瘴气，混乱不堪，“仁爱”便无从谈起。

（二）

子张问：“十世可知也？”子曰：“殷因于夏礼，所损益可知也。周因于殷礼，所损益可知也。其或继周者，虽百世，可知也。”（《论语·为政》）

【译文】

子张问孔子道：“今后十世（的礼乐制度）可以预先知道吗？”孔子回答说：“商朝继承了夏朝的礼乐制度，所废除和所增加的内容是可以知道的。周朝又继承了商朝的礼乐制度，所废除的和所增加的内容也是可以知道的。将来有继承周朝的，就是百世以后的情况，也是可以预先知道的。”

【点评】

“克己复礼”，尤其是“复礼”二字，曾是某些人批判孔子思想守旧、顽固迂腐、“开倒车”的重要证据。孔子想要“复”的确实是周礼，但这并不能说明孔子思想守旧。如果孔子是个守旧派，他为什么不去“复”更远的殷礼和夏礼呢？这是因为孔子曾经做过比较，认为周礼更先进，他在《论语·八佾》中说：“周监于二代，郁郁乎文哉，吾从周。”意思是说：“周朝的礼乐制度是借鉴夏、商两代而创造的，是何等美盛啊！所以我主张遵循周礼。”这说明孔子也懂得“与时俱进”的道理，并不反对合理的变革。

（三）

子曰：“恭而无礼则劳，慎而无礼则葸，勇而无礼则乱，直而无礼则绞。君子笃于亲，则民兴于仁；故旧不遗，则民不偷。”（《论语·泰伯》）

【译文】

孔子说:“只知恭敬而并不真的懂礼,就会徒劳无功;只知谨慎而并不真的懂礼,就会畏缩拘谨;只知胆大敢为而并不真的懂礼,就会犯上作乱;只知心直口快而并不真的懂礼,就会尖刻伤人。在上位的人厚待自己的亲属,百姓当中就会兴起仁的风气;君子不遗弃老朋友,百姓就不会对人冷漠无情了。”

【点评】

孔子认为,“恭”“慎”“勇”“直”等德目不是孤立存在的,必须以“礼”作为指导,只有在“礼”的指导下,这些德目的实施才能符合仁德的要求,否则就会出现“劳”“葸”“乱”“绞”等负面影响,这样就无法成为一个真正的仁者了。

(四)

定公问:“君使臣,臣事君,如之何?”孔子对曰:“君使臣以礼,臣事君以忠。”(《论语·八佾》)

【译文】

鲁定公问:“君王怎样使唤臣子,臣子怎样侍奉君王呢?”孔子回答说:“君王应该按照礼的要求去使唤臣子,臣子应该以忠心来侍奉君王。”

【点评】

“君使臣以礼,臣事君以忠”是孔子“君臣之礼”的核心思想。从当时的语境来看,孔子的这句话主要侧重于对君王的要求,强调君王应当首先履行自己的义务,以正确的原则和方式来使唤臣子,臣子才有义务服从君王的指令,尽心尽力地侍奉君王。只有做到了这一点,君臣之间才能和谐相处,国家机器才能正常有效地运转。然而后世腐儒高喊什么“君要臣死,臣不得不死;父要子亡,子不得不亡”之类的愚忠口号,片面强调至高无上、不受任何道义与法律制约的君王权威,即使君王的意向与命令违背道德、法律甚至会导致巨大的灾难,还要强调臣子应毫不犹豫地尽忠执行。因此，我们只有认真研读孔孟的原著，才能分清哪些理论是孔孟的真实思想，哪些论调是后人对孔孟思想的误解和歪曲。

（五）

齐景公问政于孔子。孔子对曰："君君，臣臣，父父，子子。"公曰："善哉！信如君不君，臣不臣，父不父，子不子，虽有粟，吾得而食诸？"（《论语·颜渊》）

【译文】

齐景公问孔子如何治理国家。孔子回答说："国君要守君道，臣子要守臣道，父亲要守父道，儿子要守子道。"景公说："太对了！如果国君不守君道，臣子不守臣道，父亲不守父道，儿子不守子道，即使有粮食，我能吃得上吗？"

【点评】

孔子认为，君臣之道首先是"君君"，然后才是"臣臣"。如果"君不君"，就会"臣不臣"，君臣都必须尽到自己的本分，这其中"君君"最为关键。孟子说："君之视臣如手足，则臣视君如腹心；君之视臣如犬马，则臣视君如国人；君之视臣如土芥，则臣视君如寇仇。"孟子认为，处理君臣关系很简单，一是相互尊重，你敬我一尺，我敬你一丈；你不仁，就别怪我不义。二是上行下效，臣子对待君王的态度主要取决于君王对待臣子的态度。一切美好德行的最佳倡导，不在于美丽动听的劝诫，而在于居上位者的率先垂范。

（六）

林放问礼之本。子曰："大哉问！礼，与其奢也，宁俭；丧，与其易也，宁戚。"（《论语·八佾》）

【译文】

林放问什么是礼的根本。孔子回答说："这是个意义重大的问题！就礼节仪式而言，与其奢侈，不如节俭；就丧礼而言，与其治办周备，不如内心真正哀伤。"

【点评】

孔子认为，礼不能只停留在表面仪式上，更重要的是要从内心和感情上体悟礼的根本。在礼节仪式的奢侈与节俭之间，孔子选择后者。孔子在《论语·述而》中也发表了类似的看法："奢则不孙，俭则固。与其不孙也，宁固。"意思是说，奢侈了就会越礼，节俭了就会寒酸。与其越礼，宁可寒酸。在孔子看来，奢侈的礼仪属于越礼行为，不值得提倡。

（七）

不知礼，无以立。（《论语·季氏》）

【译文】

不学会礼，就难以有立身之处。

【点评】

孔子认为，对"礼"的学习和实践，是一个人在社会上安身立命的根本，以礼待人才能以理服人。一个很有才能的人，如果不懂得以礼待人，就很难把才能用恰当的方式施展出来，别人也不会愿意帮助他。由此可见，道德常常能填补智慧的缺陷，而智慧却往往填补不了道德的缺陷。

（八）

子曰："知及之，仁不能守之，虽得之，必失之。知及之，仁能守之，不庄以莅之，则民不敬。知及之，仁能守之，庄以莅之，动之不以礼，未善也。"（《论语·卫灵公》）

【译文】

孔子说："能用聪明才智得到它，但不能用仁德守住它，那么即使得到，也一定会失去。能用聪明才智得到它，也能用仁德守住它，但不能用严肃的态度对待它，那么百姓就会不敬。能用聪明才智得到它，能用仁德守住它，还能用严肃的态度对待它，但不能按照礼的要求去指挥、动员百姓，那也是不完善的。"

【点评】

正所谓"创业不易，守成更难"，政权是可以靠聪明才智取得的，但要长久守住就很难了。因为守成不仅需要聪明才智，还需要统治者怀有仁德之心，用庄严的态度去治理，用礼法去约束、指挥百姓。由此可见，礼法对于国家兴亡具有重要意义。

春秋时期饮食失礼引发的严重事件

春秋时期虽然是一个"礼崩乐坏"的年代，但周天子仍然是名义上的天下共主，有一定的号召力。尤其是各诸侯国内部，君臣之礼还是不能太马虎。古代的礼范围比较广，饮食之礼是其中的一个非常重要的方面。春秋时期天子赐给大臣胙肉、诸侯宴请大夫、大夫赐给家臣食物都属于礼仪，这些礼仪是万万不能当儿戏的，否则就可能引发重大变故。

华元因分羊肉遭报复

公元前607年，郑国出兵攻打宋国，宋国以华元为主帅前去迎战。开战之前，华元杀羊犒赏将士，忙乱中忘了给他的车夫羊斟分一份，羊斟为此怀恨在心。两军开战后，羊斟说："畴昔之羊，子为政；今日之事，我为政。"意思是说，以前分发羊肉的事，你说了算；今天驾驭战车的事，我说了算。说着，他就赶着车跑到了郑军军阵中，把华元送到郑国人手中。宋军失去了统帅，结果被郑国人打败了。（成语"各自为政"就源自羊斟的话。）

宋国打算用一百辆兵车、四百匹良马赎回华元,只送去一半时华元就自己逃了回来。华元见到羊斟说:“您的马不受驾驭才会这样的吧?”羊斟回答说:“不是因为马,是因为人。”说完就逃到鲁国去了。

羊斟因为私怨使国家受难、百姓受害,令人不齿。华元分羹时忘了羊斟,没有尽到礼数,也负有一定的责任。华元作为统帅,粗心大意,不仅在分羊肉时忘了自己的车夫,也不了解自己的车夫是个心胸狭窄、置国家利益于不顾的小人,才酿出了这样的祸端。

郑灵公因为甲鱼汤被杀

公元前605年春天,楚国送给郑国一只甲鱼,郑灵公就把甲鱼交给厨师烹饪。子家和子公两人准备朝拜灵公,刚到宫门时,子公的食指动了一下,他对子家说:“我的食指动了,一定要吃珍异食物了。”两人进宫后,发现厨子正在把一只甲鱼切块。子公笑着说:“您看,是不是很灵啊?”灵公问他们为什么发笑,子公就把两人的话告诉了灵公。于是灵公在煮熟甲鱼后,召见了子公,却偏偏没有让他吃,故意不让他的话应验。子公非常生气,伸出手指在汤里蘸了一蘸,舔了舔指头就走了。灵公勃然大怒,想杀死子公。子公与子家商量,决定先下手为强,就在这年夏天杀了灵公。(“染指”一词就是源于这个故事。)

国君在应该赐给臣子食物时就应该按照礼节赐给臣子食物,而不是故意斗气让对方难堪,这是对臣子的不尊重;国君没有赐给臣子食物,臣子却将手伸到汤里,更是对国君的大不敬。于是,郑灵公因为一碗甲鱼汤和子公反目,在位仅一年便被杀死。

讲究礼节是对他人的一种尊重,是个人修养和素质的体现。反之,不讲究礼节,粗心大意,不能给他人以最起码的尊重,即便贵为帝王将相,也可能因此遭到挫折,甚至是身败名裂。

诚信:以诚为本,无信不立

诚信被古人视作为人之本、立国之基,“人而无信,不知其可也”,与人交往应“言而有信”;对于执政者来说,“民无信不立”。诚信包括“诚”与“信”两个方面。“诚”重在内心修养,是“信”的内在自觉;“信”重在为人准则,是“诚”的外在表现。诚信是一个人最基本的道德品质,是一切社会道德的基础和根本,是衡量社会文明程度和道德水平的重要标尺,也是社会行为导向和价值取向的重要体现。

(一)

诚信者,天下之结也。(《管子·枢言》)

【译文】

诚信是治理天下的关键。

【点评】

这句话指出了“诚信”在政治生活中的重要地位,只有先解决了诚信问题,让天下人树立起诚信意识,在全社会营造出“诚信为本”的良好氛围,这样的社会才是一个健康向上的社会,国家机器才能顺畅有序地运行。值得注意的是,这里所讲的“诚信”,既是对民众的要求,也是对执政者的要求。

（二）

为无为，事无事，味无味。大小多少，报怨以德。图难于其易，为大于其细。天下难事必作于易，天下大事必作于细，是以圣人终不为大，故能成其大。夫轻诺必寡信，多易必多难。是以圣人犹难之。故终无难矣。（《老子》第六十三章）

【译文】

以无为的态度去有为，以不惹事的态度去做事，以恬淡无味为有味。大生于小，多起于少，用报答恩德的方式来面对怨恨。处理困难的事情要从容易的地方入手，实现远大事业要从细微的地方入手。天下难事，一定是从容易处开始；天下大事，一定是从细微处开端。因此，有“道”的圣人始终不认为自己是重要的，所以能做成大事。轻易许诺别人的人，一定是很少兑现诺言的人。把事情看得太容易，一定会遭受很多困难。所以，圣人总是把困难看得很重，最终就没有困难了。

【点评】

老子认为，就像处理困难事情要从它容易的地方入手，实现远大目标要从它细微的地方着手一样，很轻易就做出的许诺，必定是难以实现的，先前做的事情有多容易，后面要做的事情就会有多难。这句话已经被后世无数人用无数惨痛的教训反复验证过了。所以，君子从不轻易许诺别人，一旦许诺就会尽全力去实现，这样才成就了君子的声名。

（三）

子曰：“道千乘之国，敬事而信，节用而爱人，使民以时。”（《论语·学而》）

【译文】

孔子说：“治理拥有一千辆兵车的国家，应做到严肃认真地对待各项工作，坚守信用，节省开支，爱护人民，等农闲时再役使百姓（以不影响他们生产)。”

【点评】

孔子在这里讲的是三个治国方面的问题:严肃认真地处理国家事务,讲究信用;节约用度,爱护人民;在农闲时役使百姓。从三个问题的次序上,我们也可以看出孔子重视“诚信治国”,同时“诚信治国”也是后面两个问题能实现的基础。执政者只有讲究信用,为自己树立威信,才能使各项治国方略顺利实施,国家才能长治久安。

(四)

子贡问政。子曰:“足食,足兵,民信之矣。”子贡曰:“必不得已而去,于斯三者何先?”曰:“去兵。”子贡曰:“必不得已而去,于斯二者何先?”曰:“去食。自古皆有死,民无信不立。”(《论语·颜渊》)

【译文】

子贡问如何治理政事。孔子说:“粮食充足,军备充足,让百姓对政府产生信任就行了。”子贡又问:“如果迫不得已要去掉一项,在这三项中去掉哪个呢?”孔子说:“去掉军备。”子贡又问:“如果迫不得已还要去掉一项,在剩下的两项中去掉哪个呢?”孔子说:“去掉粮食。自古以来,是人都难免一死。但如果百姓对政府没有了信任,国家就无法生存了。”

【点评】

在孔子看来,治理好一个国家,需要具备三个基本的条件——足食、足兵、民信,即食物充足、军备充足、百姓信任执政者。在这三者之中,当属“信”即百姓对执政者的信任最为重要。百姓一时没饭吃,不等于一直没饭吃;国家军力弱,不等于坐以待毙。然而如果执政者无法与百姓建立起良好的信任关系,国家的各项体系就无法正常运转,那么这个国家也就无法长久地生存下去。

（五）

上好信，则民莫敢不用情。（《论语·子路》）

【译文】

统治者喜欢诚信，那么百姓就没人不说真心话而弄虚作假了。

【点评】

俗话说“上梁不正下梁歪”，执政者如果普遍缺乏诚信，就会导致国家信用体系的崩溃，对国家对百姓造成巨大的灾难，且这个过程往往是不可逆的，修复它，往往需要付出千万倍的代价。所以，讲诚信要从执政者自身做起，做到以身作则、率先垂范，才能对整个国家的政治体系及百姓产生正面影响。

（六）

子曰：“人而无信，不知其可也。大车无輗，小车无軏，其何以行之哉？”（《论语·为政》）

【译文】

孔子说：“一个人不讲信用，真不知道他该怎么办。就像大车没有了輗，小车没有了軏一样，车子还靠什么行走呢？”

【点评】

诚信是一个人安身立命的根本。一个不诚实、不讲信用的人不可能有真正的朋友，也不可能成就伟大的事业。一个商人，依靠坑蒙拐骗可能赚点小钱，但不能长久，更不可能因此而发家致富；一个没有真才实学的人，可以口若悬河、滔滔不绝，但一旦大家了解了他的真实水平，谁还会被他的言谈所欺骗？一个领导者，倘若自己言而无信，手下岂能不尔虞我诈？

(七)

子贡问曰:“何如斯可谓之士矣?”子曰:“行己有耻,使于四方,不辱君命,可谓士矣。”曰:“敢问其次。”曰:“宗族称孝焉,乡党称弟焉。”曰:“敢问其次。”曰:“言必信,行必果,硁硁然小人哉! 抑亦可以为次矣。”曰:“今之从政者何如?”子曰:“噫! 斗筲之人,何足算也!”(《论语·子路》)

【译文】

子贡问:“怎样才能称得上是士呢?”孔子说:“对自己的行为有羞耻心,出使到别的国家,能够不辱使命,就称得上是士了。”子贡又问:“请问比这样的人低一等的。”孔子说:“被族人称赞孝顺父母的人,被乡人称赞尊敬兄长的人。”子贡说:“请问比这样的人更次一等的。”孔子说:“对说出的话一定遵守信用,对做出的事一定不问是非且固执己见,这是固执不化的小人呀! 也可以算是再次一等的士了。”子贡问:“那么如今的当政者怎么样呢?”孔子说:“唉! 这些器量狭小、见识浅薄的人,又算得了什么呢?”

【点评】

在孔子看来,所谓的“士”,首先要有知耻之心,能不辱君命,也就是能担负起国家使命的人;其次是在家孝敬父母、有顺从兄长之名的人;再次的“言必信,行必果”的“小人”勉强算得上是一类“士”了。再看著名的“孔门七十二弟子”,基本上都属于前两类。至于第三类人,孔子认为他们只是一味地固守个人的诚信,死抱着“言必信,行必果”的教条不放,而不管所做的事情是否符合“道义”,这显然不是孔子所提倡的。

(八)

孟子曰:“大人者,言不必信,行不必果,惟义所在。”(《孟子·离娄下》)

【译文】

孟子说：“所谓的君子，不是说出的每一句话都坚守信用，不是所做的每一件事情都非有结果不可，只要它们符合道义就可以了。”

【点评】

孟子的这段话，与前面孔子的论述是一脉相承的，是从正面阐释“言不必信，行不必果”。在这里，孟子提出了为人做事须遵循“惟义所在”的原则——既要坚持诚信，又要懂得变通，应该根据具体的状况，赋予诚信以不同的内涵。掌握了“惟义所在”这个基本原则，也就知道了什么时候该讲信用，什么时候不必讲信用。

（九）

马先驯而后求良，人先信而后求能。（《淮南子·说林训》）

【译文】

求马先要看它是否驯服，然后再考察它是否能日行千里；用人先要看他是否诚信，然后再考察他是否有真才实学。

【点评】

这句话以挑选马须先看它是否驯服为喻，说明诚信对于人才的重要性。使用人才应以“德才兼备，以德为先”为标准，而诚信是一个人最基本、最重要的道德品质之一。一个欠缺诚信的人，他的能力越大，造成的危害也会越大，就像不驯服的马一样，载人奔跑时，跑得越快，摔人越重。

（十）

得黄金百斤，不如得季布一诺。（《史记·季布栾布列传》）

【译文】

得到黄金百斤，不如得到季布的一个承诺。

【点评】

季布是秦末汉初楚地的一个游侠，曾做过项羽的部将，数次围攻刘邦，所以在项羽兵败自杀后，遭到刘邦的追捕，不得不隐匿起来。后来，季布得到刘邦的赦免，并受到刘邦的重用，被封为河东太守。这句话是时人对季布的称赞之词，认为季布的诺言比黄金还要珍贵，季布正因为有了信守承诺的美名，所以他的故事被后世人铭记，广为流传。

（十一）

诚者，天之道也；诚之者，人之道也。诚者不勉而中，不思而得，从容中道，圣人也。诚之者，择善而固执之者也。博学之，审问之，慎思之，明辨之，笃行之。……诚者，自成也；而道，自道也。诚者，物之终始，不诚无物，是故君子诚之为贵。诚者，非自成己而已也，所以成物也。成己，仁也；成物，知也。性之德也，合外内之道也，故时措之宜也。（《礼记·中庸》）

【译文】

真诚是上天的法则，做到真诚是人的法则。真诚，无须努力就能达到，无须思考就能获得，从容不迫地达到天道法则，这就是圣人。做到真诚，就是选择善并坚持做到它。要广泛地学习，仔细地询问，审慎地思考，清晰地分辨，忠实地实践。……真诚是自我完善的过程，道是对自我的引导。真诚是事物的发端和归宿，没有真诚就没有了外在事物。所以君子将真诚看作珍贵的东西。真诚，并不是用来完善自己就可以了，而是要成就外在事物。完善自我是仁，完善外在事物是智。仁和智是基于本性的两种德行，是沟通自身与外在事物的途径，所以任何时候施行都是适宜的。

【点评】

儒家是非常重视“诚”的，他们认为“诚”是自我内心、自我道德的完善，是贯穿事物发端和归宿的一种道德，也是事物发展的根本规律。如果舍弃了“诚”，就不会有万事万物的存在。一个人只有从自身做起，做到真心诚意，才会不知不觉地将真诚传递到外在的人群和事物中去，从而使自己所处的环境变得和谐、舒适。

（十二）

去苛礼而务至诚。（北宋·苏轼《策略第五》）

【译文】

减少繁文缛节的客套而去追求内心的至诚。

【点评】

看重表面上繁文缛节的客套，还是看重内心的真诚，往往会产生不同的结果。东汉末年，袁绍只喜欢做表面文章，却没有真诚任贤的度量；曹操能真诚待贤，并与四方贤才肝胆相照，对不同的人才能放手任用。结果，袁绍的实力逐步由强变弱，最终难以逃脱兵败身死的命运；而能以诚心待人的曹操由弱变强，最终打败袁绍，统一了北方。

陆元方卖宅

陆元方在唐朝武则天时期任鸾台侍郎同凤阁鸾台平章事，他为官清廉谨慎，做人诚实守信。陆家在洛阳城外有一处叫作“锦绣园”的著名宅院，宅院里有亭台楼榭，小桥流水，环境雅致幽静，是个很难得的居所。陆家当初建造这处宅院的时候，是打算世代居住的，没想到家道中落，生活难以为继，陆元方就与侄儿陆寅、陆卯商量，准备卖掉锦绣园。

陆家要卖锦绣园的消息刚传出去，就立即有两个商人找上门来。陆元方实言相告，说明自己卖锦绣园的原因，并且愿意以建造时成本的七折卖出，约合纹银六千两。两个商人闻听大喜过望，当场讲定买下，又掏出了五十两银子作为定金，约定三日后正式交易。

送走这两个商人，陆元方的两个侄子陆寅、陆卯急忙找来，声称太守请陆元方到太守府一趟。陆元方不知道太守此时邀请是福是祸，满腹狐疑地到了太守府。太守开门见山地说明自己的意图，因为太守夫人身体欠佳,需要一个清静优雅的地方休养,对陆家的宅院心仪已久,只是不好意思开口,现在听说陆家卖宅,所以特意请陆元方过来商议买卖事宜。陆元方听了满怀歉意,拱手说宅院已经卖出,虽然还没有正式交易,但买主已经付了定金。

太守听了,以为陆元方想借机讨价还价,就开出双倍的价钱,希望买到这所宅院,但陆元方仍然婉言谢绝,并坚称,答应了别人的事情,一定要讲信用。这下可惹恼了太守,太守满脸不悦地让陆元方回去好好想想。

陆元方想了一夜,辗转难眠,第二天一早就迈进了太守府的大门。太守以为陆元方回心转意了,但陆元方却是不改初衷。太守真的生气了,大骂陆元方忘恩负义,忘记了太守当年在陆家案件中秉公断案给予的点滴恩惠。任凭太守如何暴躁怒斥,陆元方就是不改初衷,坚决不干违约的事情。

太守要买锦绣园的消息传到了陆元方母亲的耳朵里,她怒气冲冲地质问陆元方为何不懂“滴水之恩,当涌泉相报”的道理,陆元方回答:“我自幼便受您与父亲‘言必信,行必果’‘一言既出,驷马难追’的教诲,不能失信于人,如今我将宅院卖给了别人,又怎么能言而无信呢?”一番话说得母亲哑口无言。

与此同时,街头巷尾也在议论陆家出售锦绣园的消息,说陆家贱价销售,肯定有着不可告人的隐情。那两个商人有点儿犯嘀咕,于是决定先去实地看看,再决定买不买。他们在锦绣园实地勘察了一番,没有发现任何问题,于是决定买下来开一家酒楼。

到了正式交易的日子,陆元方与两个商人再次见面,在听说他们准备开一家酒楼时,陆元方立即提醒他们,这所宅院没有出水的地方,不具备开酒楼的条件。两个商人听了,不免有些失望,决定不买了。

宅院没有卖出去,这让全家人都有些失望了。过了两天,那两个商人再次登门,要求买下锦绣园,说准备开一家绸缎庄。原来,那天陆元方对他们毫不隐瞒地说明房子的缺陷,让他们非常感动,于是他们坚信锦绣园不会再有其他的缺陷了,所以更坚定了买下锦绣园的想法。

勇毅：勇者无惧，任重道远

《礼记·中庸》中说："知、仁、勇三者，天下之达德也。"意思是说，智慧、仁爱、勇敢，是通行天下古今的美德。在战争年代，人们称颂勇者；在浩劫年代，人们呼唤仁者；在和平年代，人们推崇智者；而无论在任何年代，人们都景仰那些同时拥有"三达德"的大智、大勇、大仁者。所谓大智、大勇、大仁者，就是指那些智慧超群、敢想敢闯、善良仁厚，时刻怀有危机感、责任感、使命感，并为了理想和信念坚忍不拔、一往无前、百折不回的人。

（一）

子曰："知者不惑，仁者不忧，勇者不惧。"（《论语·子罕》）

【译文】

孔子说："聪明的人不会迷惑，有仁德的人不会忧愁，勇敢的人不会畏惧。"

【点评】

"知""仁""勇"被古人称为"三达德"，孔子对这三者的特点进行了具体的分析。"知者不惑"说的是拥有大智慧的人，可以明辨是非真伪，分清正邪善恶，不会被纷乱的世象所迷惑和干扰。"仁者不忧"说的是有仁爱之心的人大公无私，心胸坦荡，从不患得患失，因而没有忧愁。“勇者不惧”指的是有勇气的人无所畏惧，具有勇往直前的精神。其实，“仁者不忧”并不是说仁者没有“忧患意识”，而是他们“不以物喜，不以己悲”，忧的只是民生和天下，正如《孟子·离娄下》所说：“君子有众生之忧，无一朝之患也。”

（二）

子曰：“有德者必有言，有言者不必有德。仁者必有勇，勇者不必有仁。”（《论语·宪问》）

【译文】

孔子说：“有道德的人一定有言论，有言论的人不一定有道德。仁德的人一定勇敢，勇敢的人不一定都仁德。”

【点评】

这句话论述了道德与言论、仁德与勇敢的关系。孔子认为，勇敢只是仁德的一个方面，二者不能直接画等号。仁德的人心底无私、胸怀坦荡，因而必定是一身正气、无所畏惧的，但有勇的人未必都具有仁心，历史上勇而不仁者大有人在。

（三）

子曰：“道不行，乘桴浮于海，从我者，其由与！”子路闻之喜。子曰：“由也好勇过我，无所取材。”（《论语·公冶长》）

【译文】

孔子说：“如果我的主张行不通，就乘上木筏子到海外去。能跟从我的大概只有仲由吧！”子路（仲由的字）听到这话很高兴。孔子说：“仲由啊，你的好勇超过了我，但没有其他可取的才能。”

【点评】

孔子极力推行他的礼制、德政主张，但他也担心自己的主张行不通，打算万不得已时乘筏到海外去。他认为子路有勇，可以跟随他一同前去，但同时又指出子路的不足就在于仅有勇而已。由此可见，只有“勇”是远远不够的。

（四）

子曰：“回也，其心三月不违仁，其余则日月至焉而已矣。”（《论语·雍也》）

【译文】

孔子说：“颜回这个人，他的心可以在长时间内不离开仁德，其余的学生则只能在短时间内做到仁而已。”

【点评】

“三月不违”是仁者本色，“日月至焉”是良心发现。仁者本色是“一辈子做好事，不做坏事”，良心发现是“一个人做点好事并不难”。这就是“三月不违”与“日月至焉”的区别，也是孔子为什么“钟爱”颜回的原因。由此可见，要修炼成一个真正的仁者，关键在于坚持，在于毅力。只要有恒心，铁杵磨成针。

（五）

冉求曰：“非不说子之道，力不足也。”子曰：“力不足者，中道而废，今女画。”（《论语·雍也》）

【译文】

冉求说：“我不是不喜欢老师您所讲的道，是我的能力不够呀。”孔子说：“能力不够的人是到了半路才停下来，而现在你是给自己划了界线不想前进。”

【点评】

冉求对于学习孔子所讲授的理论产生了畏难情绪，认为自己的能力不够，学习起来很吃力。但孔子认为，冉求并非能力有问题，而是他主观上的畏难情绪在作怪。一个人只要能驱除自己的心魔，在哪里跌倒就在哪里爬起来，把握住前进的方向，持之以恒地走下去，就离成功不远了。

（六）

曾子曰："士不可以不弘毅，任重而道远。仁以为己任，不亦重乎？死而后已，不亦远乎？"（《论语·泰伯》）

【译文】

曾子说："读书人不可以不心胸宽广、意志坚强，因为他责任重大，路途遥远。把实现仁德作为自己的目标，难道还不重大吗？奋斗到死才罢休，难道路途还不遥远吗？"

【点评】

孔子和他的弟子们生活在天下大乱、礼崩乐坏的春秋后期，他们怀着高度的历史使命感和社会责任感，发表了一系列涉及家庭责任、社会责任和国家责任的言论，并努力去追求他们的理想。同时，他们希望具有血性的读书人能肩负起社会责任，坚持对仁爱的追求。他们所体现的积极向上的责任意识和勇敢坚毅的精神态度，鼓舞、激励了一代又一代优秀的中华儿女。

（七）

子曰："岁寒，然后知松柏之后凋也。"（《论语·子罕》）

【译文】

孔子说："到了一年中最寒冷的时候，才知道松柏是不会凋谢的。"

【点评】

孔子认为,人是要有骨气的,一位有远大志向的君子,要像松柏那样坚忍不拔,勇敢面对现实,并且能够经受得住各种各样的严峻考验。后世有很多人创作了有着类似理想和抱负的诗文,如“宝剑锋从磨砺出,梅花香自苦寒来”“不经一番寒彻骨,怎得梅花扑鼻香”“大雪压青松,青松挺且直。要知松高洁,待到雪化时”等,被广为传颂。

(八)

自暴者,不可与有言也;自弃者,不可与有为也。言非礼义,谓之自暴也;吾身不能居仁由义,谓之自弃也。仁,人之安宅也;义,人之正路也。旷安宅而弗居,舍正路而不由,哀哉!(《孟子·离娄上》)

【译文】

自己糟蹋自己的人,和他没有什么好说的;自己抛弃自己的人,和他没有什么好共事的。说话时诋毁礼义,叫作自己糟蹋自己;自认为不能居仁心、行正义,叫作自己抛弃自己。仁,是人类最安适的精神家园;义,是人类最正确的光明大道。把最安适的家园空出来不去住,把最正确的大道舍弃在一边不去走,真是悲哀啊!

【点评】

这句话中的“自暴自弃”指自己不愿意居仁心、行正义,而且出言诋毁礼义的行为。孟子认为,仁是人类最安适的精神家园,义是人类最正确的光明大道,然而还是有人不愿意行仁义、走正路,反而自卑自贱,自甘堕落,的确很可悲。不过,我们今天使用的成语“自暴自弃”,一般指的是那些遭受挫折后不能重新振作的人。

墨子——大智大勇的仁者

《墨子·公输》记载了这样一则故事。

公输般为楚国造了云梯,造成后,准备用它来攻打宋国。墨子听说这件事后,就从齐国起身,走了十天十夜来到楚国国都郢,会见公输般。

公输般说:“您对我有什么指教吗?”墨子说:“北方有个人欺侮我,希望您能帮我杀了他。”公输般很不高兴。墨子说:“我愿意用十镒黄金作为酬劳。”公输般说:“我讲道义,不会为了报酬而去杀人。”

墨子起身对公输般行礼,说:“您说您讲道义。我听说您造云梯,准备用它来攻打宋国。宋国何罪之有呢?楚国地广人稀,土地有余,人口不足。如今牺牲本就不足的人口,去掠夺本就多余的土地,这不是智者的做法。攻打没有罪的宋国,这不是仁者的做法。知道这些道理,却不去争辩,不能算作忠。争辩却没有结果,不能算作强。您奉行道义,不去杀某一个人,却去杀害众多无辜的百姓,不能算作明智之辈。”公输般被说服了。

墨子问:“您既然知道这些道理,为什么不取消进攻宋国的计划呢?”公输般说:“不能,因为我已经对楚王说明了。”墨子说:“那就带我去见楚王吧。”公输般同意了。

墨子见了楚王,说:“假如有一个人,舍弃他华贵的衣服不穿,却想去偷邻居的粗布短衣;舍弃他的美味佳肴不吃,却想去偷邻居的糟糠。这是怎么样的人呢?”

楚王说:“这个人一定得了偷窃病。”

墨子说:“楚国是个大国,方圆达五千里;宋国是个小国,方圆只有五百里,就如同彩车与破车相比。楚国物产丰富,云梦泽中有成群的犀牛、麋鹿,长江、汉水中有无数的鱼、鳖;宋国物产匮乏,甚至连野鸡、兔子、狐狸这样常见的动物都没有,这就像美食佳肴与糟糠相比。楚国有巨松、梓树、楠、樟等名贵木材;宋国连普通的大树都没有,这就像华贵的衣服与粗布短衣相比。从这三方面的情况来看,我认为楚国进攻宋国,与有偷窃病的人是同一种类型。我认为大王您如果执意攻打宋国,既有损道义,也不能据有宋国。”

楚王说:“您说得很好!但即使如此,公输般给我造的云梯总不能白造,所以我一定要攻取宋国。”

墨子说:“云梯并没有想象的那样厉害,您若不信的话,我可以与公输般模拟作战。”楚王同意了。

墨子解下腰带,围作城垣的样子,用小木片作为守城的器械。公输般用他机巧多变的攻城器械进攻了九次,都被墨子挡住了。公输般的攻城器械用尽了,墨子的守御战术还没用完。

公输般虽然受挫了,却说:“我知道用什么办法对付您,但我不说。”墨子说:“我也知道您想用什么办法来对付我,但我也不说。”楚王问其中的原因。墨子说:“公输般的意思,就是杀了我。杀了我,宋国就没有人能抵挡楚国的进攻了。但是,我的弟子禽滑厘等二百人,正在拿着我守城用的器械,在宋国的都城上静候楚军呢。所以即使杀了我,也是没有用的。”楚王说:“好吧!我不攻打宋国了。”

墨子从楚国归来,经过宋国时,正赶上天下雨,他想到闾门去避雨,守卫闾门的人却不接纳他。所以说:运用神机的人,众人不知道他的功劳;而在明处争论不休的人,众人反而知道他。

这个故事体现了墨子“兼爱”“非攻”的思想主张,生动地表现了他机智勇敢和反对攻伐的仁者精神,墨子可称得上是一位具有智、仁、勇“三达德”的贤者。

忧患:居安思危,未雨绸缪

任何事物的发展都呈现着相反相成、相生相克的规律性。安与危、盛与衰、治与乱、机遇与挑战等,在一定条件下是可以相互转化的。因此,要增强忧患意识,谦虚谨慎,戒骄戒躁,始终保持清醒的头脑。而增强忧患意识,关键在于培养一种辩证的思维方式,善于从安定中预见危机,从有利中发现不利,做到未雨绸缪、防患于未然;在于始终具有责任意识和进取精神,不因矛盾和困难而怨天尤人,迎难而上,在解决矛盾和克服困难中推动事业的发展。

(一)

君子安而不忘危,存而不忘亡,治而不忘乱,是以身安而国家可保也。(《周易·系辞传下》)

【译文】

君子安定的时候不忘记可能出现的危险,国家存在的时候不忘记灭亡的可能性,国家大治的时候不忘记可能出现的祸乱。这样,就能使本人平安,国家也得以保全了。

【点评】

这是孔子阐述《易·否》易理时说的一句话,强调人要有忧患意识。

尤其是执政者，更要居安思危，对可能威胁国家前途命运的危险保持警惕，永不懈怠，兢兢业业，奋发有为，如此才能安身保国，正如《三国志·吕蒙传》中说：“明者防祸于未萌，智者图患于将来。”

（二）

居安思危，思则有备，有备无患。（《左传·襄公十一年》）

【译文】

安全之时要考虑到可能出现的危险，考虑到危险就会有所准备，事先有了准备就可以避免祸患。

【点评】

为什么要居安思危？就是由于事物的发展有其必然性，也有其偶然性。“天有不测风云，人有旦夕祸福”，有一些突发的偶然性事件是人们始料不及的。这种意外的事件，往往会使人陷入困境，甚至会改变人的命运。俗话说：“常将有日思无日，莫待无时思有时。”在平时要有应付突发事件的准备，以免事情发生之后手足无措，陷于被动。

（三）

人无远虑，必有近忧。（《论语·卫灵公》）

【译文】

一个人如果没有长远的考虑，一定会有眼前的忧患。

【点评】

世事无常，如果我们不把可能会出现的困难估计得充分一些，不把办法准备得充足一些，就会在各种突如其来的事情面前措手不及。《左传》中说“临祸忘忧，忧必及之”，《说苑·贵德》中说“弗备难，难必至”，越是疏忽大意，就越容易惹祸上身。即使有些倒霉透顶的事绝不可能发生，但多一些忧患意识，以备后患终归没有害处。

（四）

生于忧患，死于安乐。（《孟子·告子下》）

【译文】

忧虑祸患能使人（或国家）生存发展，而安逸享乐会使人（或国家）走向灭亡。

【点评】

忧患意识，能使人洞察微波荡漾之下隐藏的暗流，晴空万里背后的暴风骤雨，使人未雨绸缪，趋吉避凶。而忧患意识淡薄的人，得意于一时的光环，容易滋长骄傲和浮躁的情绪，从而栽倒在鲜花与掌声之中。春秋时期，吴王阖闾在与越国的一场战争中战败身亡。阖闾之子夫差继位后，要人每天都提醒他报仇雪恨，使他励志图强，并最终消灭越国，称霸诸侯。可是他被胜利冲昏了头脑，将忧患意识抛在脑后，而沦为亡国奴的越王勾践却重复着夫差之举，不过他是以“卧薪尝胆”的形式提醒自己，不要忘记亡国之恨。十年后，历史逆转，越国反攻灭了吴国，这恐怕是历史对忧患意识淡薄者最好的警示。

（五）

凡事豫则立，不豫则废。（《礼记·中庸》）

【译文】

做任何事情，事前有准备就可以成功，没有准备就会失败。

【点评】

中国的哲学从某种角度说是时间的哲学，比如，中医讲究“治未病”，治国理政要学会“下先手棋”等。《老子》中的“为之于未有，治之于未乱”，说的也是这个意思。“凡事豫则立”中的“豫”，就是以战略眼光审时度势，认清机遇和挑战，准确分析不利条件和有利条件，从而未雨绸缪，系统谋划，趋利避害，赢得发展的主动权。

（六）

昔之达人，杜渐防微。（东晋·葛洪《抱朴子·明本》）

【译文】

古代贤明通达之人，在错误或危险发生之初，就加以预防和制止。

【点评】

这句话是成语“防微杜渐”的来源。贤明通达之人在做事之时，审时度势，预测未来可能出现的危险和问题，并做好预防措施；愚昧狭隘者做事时则粗心大意，目光短浅，只顾眼前利益，不做长远打算。在行动时，一旦出现不利因素，就束手无策，坐以待毙。南宋著名词人辛弃疾在《美芹十论》中说：“事未至而预图，则处之常有余；事既至而后计，则应之常不足。”意在警告执政者，等到危机发生了再进行应对，要比提前做好准备付出的代价更大，失败的风险也更大。

冯谖焚券市义

战国时期，齐国的孟尝君门下有三千多门客。他的封邑薛地的收入不够奉养门客，于是派人到薛地放债收息以补不足，然而放债一年多了，还没收回息钱。有人向孟尝君推荐了一个名叫冯谖的门客，孟尝君便让冯谖到薛地去收债款利息。冯谖出发之前问孟尝君：“收到利息以后需要买些什么吗？”孟尝君说：“您看府里缺什么就买什么。”

冯谖辞别了孟尝君，驱车到了薛地，召集应该还债的人，偿付息钱。结果收到十万息钱，还有多数债户当时无法还债。冯谖便用所得息钱置酒买肉，召集所有债户都来验对债券。债户到齐后，冯谖一面劝大家喝酒，从旁观察债户贫富情况；另一面让大家拿出债券加以验对，凡有能力偿还息钱的，当场订立还期，没有能力偿还息钱的，冯谖立即收回债券。并假传孟尝君的命令，免去了无力还款者的债务，并当众烧毁了债券。

孟尝君听说此事后，非常生气，立即派人召回冯谖责问。冯谖说："薛地是您的封邑，您不把那里的百姓当作自己的儿女一样加以安抚，却用商人的手段向他们敛取利息，我认为这样做很不妥。于是我假托您的命令，烧毁了无力偿还债务者的债券。而且与其留着收不回钱的债券，还不如收买老百姓的心。"孟尝君尽管很生气，可木已成舟，无可奈何。

几年后，孟尝君被齐王罢免了职务，非常失意地回到薛地。令他吃惊的是，薛地的老百姓竟然夹道欢迎他的归来，这使他落魄的心灵得到了安慰，孟尝终于明白当初冯谖的举动是多么深谋远虑。于是，他对冯谖大大地称赞了一番。

冯谖对孟尝君说："现在，薛地已经成了您的根据地，但这还远远不够。俗语说'狡兔三窟'才能保全性命。您现在只有一个'窟'，我愿意尽快为您挖掘出另外两个'窟'。"

于是孟尝君给冯谖五十辆车、五百斤黄金去游说魏国。冯谖在魏王面前把孟尝君夸赞了一番，说："像孟尝君这样的贤才，哪个国家重用他，哪个国家就能马上富强起来。"魏王也久闻孟尝君贤，于是立即派出使节，以千斤黄金、百乘马车去聘孟尝君。然而，魏国使者接连跑了三趟，可孟尝君事先得到冯谖的建议，坚决推辞不受。魏王的行为引起了齐王的高度重视，从而抬升了孟尝君的价值。齐王认为不能让人才落到别人手里，连忙派遣太傅带"黄金千金、文车二驷、服剑一、封书一"等厚礼，非常隆重地向孟尝君谢罪，并且任命他做相国。冯谖又劝孟尝君："希望您向齐王请求先王传下来的祭器，在薛地建立宗庙。"宗庙建好之后，冯谖对孟尝君说："您现在拥有齐、魏、薛三个根据地，可以高枕无忧了。"

谨慎:慎终如始,三思后行

中国传统的道德修养,讲究一个“慎”字,尤其强调对细节的重视。古人说的“不矜细行,终累大德”“道自微而生,祸自微而成”“勿以恶小而为之,勿以善小而不为”,无不告诫人们,对于小毛病、小错误、小问题,切勿掉以轻心,要坚决改正,彻底解决,以免“小洞不补,大洞吃苦”,“小恶”发展成“大恶”。执政者更应该谨言慎行,慎微慎独,慎权慎利,慎始慎终,才能一身正气,做好表率,凝聚人心,从而积小胜为大胜,走好人生的每一步。

(一)

君子终日乾乾,夕惕若厉,无咎。(《周易·乾》)

【译文】

君子终日勤奋谨慎、殚精竭虑,即使到了晚上也会警惕戒惧,这样即使遇到危险也能逢凶化吉。

【点评】

一个有远大理想和抱负的人,无论是修身还是做事,都要时刻心存谨慎之心、敬畏之意,如果贪图安逸,放松警惕,就会走向失败。《说苑·敬慎》中说:“位已高而意益下,官益大而心益小,禄已厚而慎不敢取。”

意思是说，官位越高越应谦恭卑下，官职越大越应谨小慎微，俸禄越多越不该索取分外之物。对于执政者来说，要时刻敬畏人民、敬畏权力、敬畏法律，才能规范自己的行为，用好手中的权力。

（二）

不矜细行，终累大德。为山九仞，功亏一篑。（《尚书·旅獒》）

【译文】

不顾惜小节方面的修养，到头来会伤害大节。堆九仞高的山，只缺一筐土而不能完成。

【点评】

“千丈之堤，以蝼蚁之穴溃；百尺之室，以突隙之烟焚”（《韩非子·喻老》），事情的发展是一个由小到大的过程，当存在微小的隐患时，如果不给予足够的重视和及时正确的处理，就会留下无穷的后患。做事如此，修身也是一样，对于执政者来说，无论是修身养德，还是履职任事，只有防微杜渐，注重细节，注意小节，才能防止祸患的发生。

（三）

不敢暴虎，不敢冯河。人知其一，莫知其他。战战兢兢，如临深渊，如履薄冰。（《诗经·小雅·小旻》）

【译文】

不敢打虎做英雄，不敢徒步过河中。人们只知这一端，其他事情就懵懂。战战兢兢为国忧，似临深渊恐惧中，似踩薄冰怕窟窿。

【点评】

诗人把为人做事的敬慎态度描绘得形神兼备，告诫执政者要时刻保持戒惧心理，谨慎从事，国家才能转危为安。孔子在《论语·述而》中就引用过这句话：“暴虎冯河，死而不悔者，吾不与也。必也临事而惧，好谋而成者也。”告诫他的弟子们不要做“暴虎冯河”之人，因为这类人行事鲁莽，只顾一面，不顾其他，随时有失坠的危险，应该做一个“临事而惧”、善于筹划之人。

（四）

民之从事，常于几成而败之。慎终如始，则无败事。（《老子》第六十四章）

【译文】

人们做事情，常常是在接近成功时失败的。如果当事情快要完成的时候，也像开始时那样慎重，就没有办不成的事情。

【点评】

为什么许多人总是在事情快要成功的时候失败？老子认为，主要是由于人们在将要成功之时往往会开始懈怠，没有了刚开始时的那种热情和谨慎心理。人在任何情况下都不应该放松对自己的要求，正如《战国策·秦策五》中说的“行百里者半于九十”，只有时时刻刻都像刚开始时那样谨慎努力，才不会遭到失败的命运。

（五）

子张学干禄。子曰：“多闻阙疑，慎言其余，则寡尤；多见阙殆，慎行其余，则寡悔。言寡尤，行寡悔，禄在其中矣。”（《论语·为政》）

【译文】

子张要请教谋取官职的办法。孔子说：“要多听，有怀疑的地方先放在一旁不说，其余有把握的，也要谨慎地说出来，这样就可以少犯错误；要多看，有怀疑的地方先放在一旁不做，其余有把握的，也要谨慎地去做，才能减少后悔。说话少过失，做事少后悔，官职俸禄就不是问题了。”

【点评】

孔子并不反对他的学生谋求官职，他在《论语》中还有“学而优则仕”的观念。但他认为，做官的人，应当做到谨言慎行，说有把握的话，做有把握的事，这样就可以减少失误，减少后悔，这是一种对国家对个人负责任的态度。

（六）

季文子三思而后行。子闻之，曰：“再，斯可矣。”（《论语·公冶长》）

【译文】

季文子对每件事都考虑多次之后才行动。孔子听到后，说：“考虑两次就可以了。”

【点评】

季文子是春秋时鲁国的大夫，据说他在执政期间处事非常谨慎，每事必“三思而后行”，却屡屡出错。对此，孔子认为凡事经过正、反两方面思考权衡之后即可做出决定，无须考虑过多。其实，无论“三思”也好，“再思”也罢，说的都是做事要慎重，不要不经过思考就下结论，也不能事事追求完美而导致犹豫不决。优柔寡断是没有主见的表现，临事惊慌失措，不知道该如何是好，恰恰是与谨慎对立的一种情况。

（七）

勿以恶小而为之，勿以善小而不为。（《三国志·蜀书·先主传》）

【译文】

不要因为是件较小的坏事就去做，不要因为是件较小的善事就不去做。

【点评】

重小处、重细行、重微末，是中华文化中修身养性、为人处世的重要内容。《周易·系辞传下》中说："善不积不足以成名，恶不积不足以灭身，小人以小善为无益而弗为也，以小恶为无伤而弗去也，故恶积而不可掩，罪大而不可解。"一个人的品德修养是优还是劣，都是从平时的一件件小事、一个个小的习惯中积累出来的，等到真正定型之后，再想改变就很难了。

（八）

尽小者大，慎微者著。（《资治通鉴·汉纪》）

【译文】

对细小的事情也尽力的人，成绩就大；对细微的事情也谨慎的人，成就就显著。

【点评】

古人对于"小"与"大"，"微"与"著"关系的认识，包含着朴素的辩证法思想。由"小"与"微"累积而成的"大"与"著"，既可能是好的结果，也可能是坏的结局，这要依"小"与"微"的性质而定。若是小善、微善，则慎而积之；若是小恶、微恶，则慎而去之。

（九）

祸常发于所忽之中，而乱常起于不足疑之事。（明·方孝孺《深虑论》）

【译文】

灾祸常常在容易忽略的地方发生，变乱常常在不值得怀疑的事情上兴起。

【点评】

晚唐诗人杜荀鹤有一首《泾溪》诗："泾溪石险人兢慎，终岁不闻倾覆人。却是平流无石处，时时闻说有沉沦。”一个人在危难之时总是加倍小心，所以一般都能安然渡过，而祸患往往出在春风得意之时。此时的人踌躇满志，悠然自得，忘却了暗礁可能带来的灾难，自以为大风大浪都闯过来了，怎么可能在阴沟里面翻船？然而那些淹死的人，往往都是熟悉水性的。

（十）

敦厚之人，始可托大事，故安刘氏者，必绛侯也。谨慎之人，方能成大功，故兴汉室者，必武侯也。（清·王永彬《围炉夜话》）

【译文】

朴实忠厚的人，才可将大事托付给他，因此能使汉室安定的，必定是绛侯周勃这个人。行事谨慎的人，才能够建立大的功业，因此能使汉室复兴的，必定是武侯诸葛亮这个人。

【点评】

绛侯周勃和武侯诸葛亮都是为人踏实谨慎之人，所以他们一个能够平定诸吕之乱，安定刘汉政权；一个能够帮助刘备从群雄之中脱颖而出，三分天下有其一，兴复刘汉政权。踏实谨慎是一个人能够成就大业的必备素质，有了这项素质，才能尽可能地少犯错误。踏实谨慎也是能够被人器重的重要品德，因为没有人敢把大事托付给一个轻浮草率之人。

曾子一生唯谨慎

曾子(公元前505年—前435年)，名参，字子舆，春秋末年鲁国人。十六岁拜孔子为师，勤奋好学，积极推行儒家主张。他的修、齐、治、平的政治观，省身、慎独的修养观，以孝为本的孝道观影响中国两千多年，至今仍具有极其宝贵的社会意义和实用价值。他上承孔子之道，下开思孟学派，在儒学发展史乃至中华文化史上均占有重要的地位，被后世儒家尊称为“宗圣”。

曾子言行一致,办事认真。有一次,曾子的妻子要到集市上去,儿子非要跟着去。妻子说:“你先回去吧,你如果听话,我回来后就杀猪给你吃。”儿子信以为真,便回去了。妻子从集市上回来,看到曾子正准备杀猪,就阻止他说:“我只不过是跟儿子开了个玩笑罢了,你怎么当真了?”曾子说:“儿子还小,什么都不懂,他只会学习父母的,听从父母的教导。你如果欺骗了他,这就是在教他骗人。母亲欺骗儿子,儿子便不相信他的母亲,这不是教育孩子的正确方法啊!”于是就杀猪给儿子吃了。

曾子严格要求自己,从不贪图钱财。曾子从卫国回到鲁国后,生活清苦,“弊衣而耕于鲁”。鲁哀公听说后,打算赠送“食邑”给他。曾子婉言谢绝说:“我听人说过,接受别人恩赐的就畏惧人家,给别人恩赐的人会摆出傲慢的样子。如果我接受了国君的赏赐,即使国君不对我傲慢,我怎么能不畏惧他呢?”

曾子一生谨慎,病危之时,他对弟子们说:“把我的脚摆正,把我的手摆正。《诗经》上说‘战战兢兢,如临深渊,如履薄冰’,我这一辈子小心谨慎,现在我即将去世,不会再犯错了。你们也要努力、小心啊!”小书童无意中说出曾子铺的席子很漂亮,是大夫用的席子。曾子听了猛然意识到所铺席子与自己的身份不合,马上让儿子把席子换掉。儿子说:“您的病很重,等到天亮再换吧。”曾子说:“君子爱人用德行,小人爱人是姑息迁就,我现在只盼望死得合于礼节。”于是非要起来。众人只好赶紧给他换席子,没等席子铺好,他就死了。

志节:君子固穷,不降其志

古代君子讲究"养浩然之气",能"安贫乐道",做到"富贵不能淫,贫贱不能移,威武不能屈",时刻保持自己的气节和操守,从不降低对道德、对信仰的追求。陶渊明"不为五斗米折腰",穷困潦倒,却炼就了"采菊东篱下,悠然见南山"的心境。李太白不愿"摧眉折腰事权贵",终遭贬谪,却发出了"仰天大笑出门去,吾辈岂是蓬蒿人"的豪言壮语。杜子美报国无门,辗转流离,无安身立命之地,仍志向于"安得广厦千万间,大庇天下寒士俱欢颜"。富有和贫穷,在物质上永远都是相对的,只有在精神上的富有,才是永恒的。

(一)

诸侯将见子臧于王而立之。子臧辞曰:"前志有之曰:'圣达节,次守节,下失节。'为君,非吾节也。虽不能圣,敢失守乎?"遂逃奔宋。(《左传·成公十五年》)

【译文】

诸侯要让子臧进见周王而立他为曹国国君。子臧辞谢说:"古书上说:'圣人通达节义,其次保守节义,最下失去节义。'做国君这件事不合于我的志节。我虽然不能像圣人那样,但怎么敢失节呢?"于是逃亡到宋国。

【点评】

春秋时期，曹宣公死后，宣公嫡子继位。曹宣公庶弟（一说庶子）负刍却杀君自立，是为曹成公。各国诸侯和曹国人都认为曹成公不义，并抓住曹成公，想要让周天子立子臧为曹君。子臧坚决推辞，逃到宋国，以成全曹君继续在位。后世赞颂子臧让国之举，以“子臧之节”赞颂品德高尚的人。杜预为《左传》作注时认为，“圣达节”“次守节”“下失节”分别指“圣人应天命，不拘常礼也”“谓贤者也”“愚者，妄动也”。能够制定礼义、安邦定国、引导世人向善的圣人百年难遇，作为普通人，应该向贤者看齐，坚守天下通行的信仰和真理，做一个“守节”之人。

（二）

在陈绝粮，从者病，莫能兴。子路愠见曰：“君子亦有穷乎？”子曰：“君子固穷，小人穷斯滥矣。”（《论语·卫灵公》）

【译文】

孔子一行在陈国断了粮食，跟随的人都饿病了，无法起身。子路很不高兴地来见孔子，说道：“君子也有穷困得毫无办法的时候吗?”孔子说：“君子虽然穷困，但还是坚持着自己的操守；小人一遇穷困就什么事都可能干得出来。”

【点评】

孔子周游列国数十年，穷困潦倒的日子经常过，但远大的理想和不屈的意志，让他拥有了安贫乐道的坦然，使他的精神土壤从未贫瘠过。他在困于陈蔡之时，曾对子路说：“芝兰生于深林，不以无人而不芳；君子修道立德，不为穷困而败节。”（《孔子家语·在厄》）物质的匮乏，只能消磨一个人的肉体，但顽强的精神足以撑起一片天。

（三）

子曰：“不降其志，不辱其身，伯夷、叔齐与？”（《论语·微子》）

【译文】

孔子说:“不降低自己的志向,不辱没自己的清白,说的就是伯夷、叔齐吧?”

【点评】

孔子对微子、伯夷、叔齐等保持自己清高气节的古代贤人给予过很高的评价。在他看来,做人应该恪守做人的准则,如果为强权所屈服,或为不正当的名利所诱惑,只能降低自己的人格,自取其辱。

(四)

子曰:“贤哉,回也!一箪食,一瓢饮,在陋巷,人不堪其忧,回也不改其乐。贤哉,回也!”(《论语·雍也》)

【译文】

孔子说:“颜回的品质是多么高尚啊!一箪饭,一瓢水,住在简陋的小屋里,别人都忍受不了这种穷困清苦,颜回却没有改变他的志趣。颜回的品质是多么高尚啊!”

【点评】

孔子的弟子颜回,家中一贫如洗,物质生活非常艰苦,仍然能够坚持自己的操守,保持心境的恬静愉悦,安贫乐道,个人修养境界之高令人赞叹。这样的人如果出来做官,怎能不是百姓的福祉、国家的柱石呢?

(五)

子曰:“三军可夺帅也,匹夫不可夺志也!”(《论语·子罕》)

【译文】

孔子说:“一国军队,可以夺去它的主帅;但一个男子汉,他的志向是不能被强迫改变的。”

【点评】

志向决定了一个人努力的方向和拼搏的程度。没有高远的志向，人生就像折断了风帆的航船，在茫茫大海中失去了前进的动力和方向。高远的志向未必能实现，但它至少能激励人为了接近它而不懈努力，在拼搏的过程中体味一种快乐。就像孔子，尽管充满仁爱的“大同”世界在他有生之年没能实现，但他最终成了一个伟大的思想家、教育家，影响了中国几千年。

（六）

居天下之广居，立天下之正位，行天下之大道；得志，与民由之；不得志，独行其道。富贵不能淫，贫贱不能移，威武不能屈，此之谓大丈夫。（《孟子·滕文公下》）

【译文】

（大丈夫）应该住在天下最宽广的住宅里，站在天下最正确的位置上，走着天下最宽广的大道。得志的时候，便与老百姓一同前进；不得志的时候，便独自坚守自己的原则。富贵不能使他骄奢淫逸，贫贱不能使他改移节操，威武不能使他意志屈服。这样才叫作大丈夫！

【点评】

在孟子看来，所谓的大丈夫，就得“居天下之广居，立天下之正位，行天下之大道”，也就是奉行儒家所一贯倡导的仁、义、礼、智等品德，再抱以“得志，与民由之；不得志，独行其道”的立身处世态度，也就是孔子所说的“用之则行，舍之则藏”（《论语·述而》），或他自己所说的“穷则独善其身，达则兼善天下”（《孟子·尽心上》），那就能够成为真正的大丈夫了。孟子的这段名言，闪耀着思想和人格力量的光辉，成为历代志士仁人不畏强暴，坚持正义的座右铭。

(七)

石可破也，而不可夺坚；丹可磨也，而不可夺赤。(《吕氏春秋·诚廉》)

【译文】

石头可以被打碎，但它固有的坚硬却不可改变；朱砂可以被研磨，但它固有的红色却不可改变。

【点评】

这句话以石坚丹赤为喻，说明具有高洁品质的人不会因为外界的压力而改变自己的操守，即使粉身碎骨，精神也是永存的。明朝名臣于谦在《石灰吟》中写道：“千锤万凿出深山，烈火焚烧若等闲。粉身碎骨浑不怕，要留清白在人间。”他以石灰自喻，抒发了“宁为玉碎，不为瓦全”的坚定信念，表达了自己要留下一身正气，即使粉身碎骨也毫不畏惧的坦荡胸怀。

(八)

仁者不以盛衰改节，义者不以存亡易心。(《三国志·魏书·曹爽传》裴松之注引皇甫谧《列女传》)

【译文】

仁德的人，不会因为局势的盛衰而改变节操；正义的人，不会因为国家的存亡而动摇心志。

【点评】

三国时期，夏侯令女嫁给大将军曹爽的堂弟曹文叔，曹文叔早死，夏侯令女剪断了头发，发誓绝不改嫁。夏侯家人逼她改嫁，她便割掉自己的双耳以明志。高平陵政变后，曹爽失势，被满门抄斩。夏侯令女的家人担心遭到株连，宣布和曹爽家断绝关系，并再次让她改嫁，她又割断了自己的鼻子。有人劝她，她说：“我听说：‘仁者不以盛衰改节，义者不以存亡易心。’当初曹氏强盛的时候，我尚且想守节保终，如今曹氏衰亡，我又怎么忍心抛弃名节？这种禽兽行为，我是做不出来的！”夏侯令女为了守节而自残的行为自然不值得提倡，但她所说的这句话，却是慷慨豪迈，掷地有声，让那些反复无常、为了名利而变节的人无地自容。

苏武牧羊

孟子认为“富贵不能淫，贫贱不能移，威武不能屈”的人才是大丈夫，西汉时的苏武就是这样的人。

公元前100年，匈奴政权新单于即位，汉武帝为了表示友好，派遣苏武率领一百多人，带了许多财物，出使匈奴。不料，就在苏武完成了出使任务，准备返回汉朝时，匈奴上层发生了内乱，苏武一行受到牵连，被扣留下来，并被强令臣服单于。

最初，单于派人向苏武游说，许以丰厚的俸禄和高官，被苏武严词拒绝了。匈奴见劝说没有用，就决定来硬的。当时正值严冬，天上下着鹅毛大雪，单于命人把苏武关入一个露天的大地窖，断绝饮食，希望以此改变苏武的意志。时间一天天过去，苏武在地窖里受尽了折磨，渴了，他就吃一把雪，饿了，就嚼身上穿的羊皮袄。过了好几天，单于见濒临死亡的苏武仍然没有屈服的表示，只好把苏武放了出来。

单于知道无论软的还是硬的，劝说苏武投降都没有希望，但越发敬重苏武的气节，不忍心杀苏武，又不想让他返回汉朝，于是决定把苏武流放到北海(今西伯利亚的贝加尔湖一带)，让他在那里牧羊。临行前，单于对苏武说：“既然你不投降，那我就让你去放羊，什么时候公羊生了羊羔，我就让你回到中原去。”

与他的同伴分开后，苏武被流放到人迹罕至的贝加尔湖边。与苏武做伴的，只有那根代表汉朝的节杖和一小群羊。苏武每天放羊，心想总有一天能够回到汉朝。这样日复一日,年复一年,节杖上面的装饰都掉光了,苏武的头发和胡须也都变白了。

苏武被扣在匈奴十九年后,终于在汉昭帝始元六年(前81年)春回到长安。他高洁的志气和坚贞不屈的精神,受到历代人民的景仰。

韬晦：用之则行，舍之则藏

在古代社会，一个人锋芒毕露，不仅会被认为是轻浮骄傲的表现，还可能会招致别人的忌恨和打击。而一个真正平等的社会，就是要为每个人发挥才干提供机会，否则人人都深藏不露，不仅是个人怀才不遇的悲哀，也是整个社会的一大损失。可话又说回来，“藏”有时也是一种深思熟虑、谨言慎行的处世智慧，避免“枪打出头鸟”也并不总是消极的。《周易》的“待时而动”，《论语》的“待贾而沽”，说的都是时机问题，时机未到，就应该“藏”好自己，强化自身的能力和修养，才能在时机成熟时“用之则行”，正所谓机会是留给有准备的人的。

（一）

君子藏器于身，待时而动。（《周易·系辞下》）

【译文】

君子就算有卓越的才能、超群的技艺，也深藏不露，只是在必要之时施展出来。

【点评】

《周易·乾》向人们阐释了“藏”与“动”的智慧：时机未到时，要韬光养晦，加强自身修养，藏器待时，正所谓“潜龙勿用”；时机成熟之时，则要果断行动，将隐忍时培养的道德与才能运用到事业之中，正所谓“见龙在田”。《周易》还说：“尺蠖之屈，以求信也；龙蛇之蛰，以存身也。”尺蠖弯曲起来，主要是为了伸长；龙蛇蛰伏起来，为的是继续生存。因此，为了以后的发展，不妨暂时韬光养晦，积蓄力量。

（二）

子贡曰：“有美玉于斯，韫椟而藏诸？求善贾而沽诸？”子曰：“沽之哉，沽之哉！我待贾者也。”（《论语·子罕》）

【译文】

子贡说：“假如这里有一块美玉，是把它收藏在木盒里，还是找一个识货的商人卖掉呢?”孔子说：“卖掉吧，卖掉吧！我正在等着识货的人呢。”

【点评】

子贡所提出来的，实际上是读书人出不出去做官的态度问题。他给出的是两个选择：要么“韫椟而藏”，要么“求善贾而沽”。孔子的回答反映了他积极入世的思想，然而他所说的“沽”是“待贾而沽”，而不是子贡说的“求贾而沽”。其实，孔子不是不想做官，只是不想用不正当的手段去谋取官位罢了。

（三）

子谓颜渊曰：“用之则行，舍之则藏，惟我与尔有是夫！”（《论语·述而》）

【译文】

孔子对颜渊说：“任用我，就去做；不用我，就隐藏起来——只有我和你能做到这样吧！”

【点评】

孔子自称是“待贾者”，一方面，他四处游说，以宣传“仁”与“礼”为己任，期待各国统治者能够接受他的政治方略；另一方面，他也随时准备把自己推上治国之位，依靠政权的力量去推行他的治国理念。他还认为，当为世所用时，就要积极努力地去做；当不为世所用时，就应该隐藏起来，保护好自己，这与《周易》的“君子藏器于身，待时而动”的思想一致。

（四）

子曰：“笃信好学，守死善道。危邦不入，乱邦不居。天下有道则见，无道则隐。邦有道，贫且贱焉，耻也；邦无道，富且贵焉，耻也。”（《论语·泰伯》）

【译文】

孔子说：“坚定信念并努力学习，誓死坚守并完善治国与为人的大道。不进入政局不稳的国家，不居住在动乱的国家。天下有道的时候就出来做官；天下无道的时候就隐居起来。国家有道而自己贫贱，这是耻辱；国家无道而自己富贵，也是耻辱。”

【点评】

孔子主张“天下有道则见，无道则隐”，如果在国家处于政治昏乱之时出来做官，要么宁折不弯，到处碰壁；要么与邪恶势力同流合污，沦为道德卑下之人。因此，“有道”才是一个人发挥才能的最好环境。孔子在《论语·卫灵公》中称赞蘧伯玉“邦有道，则仕；邦无道，则可卷而怀之”，在《论语·公冶长》中称赞宁武子“邦有道则知，邦无道则愚，其知可及也，其愚不可及也”，都表达了这种思想。这种思想不失为明哲保身之举，并成为很多人的处世哲学。然而，从另一个角度来看，如果在国家无道之时，人人都不肯站出来，那么还有谁能挽救即将倾颓的江山社稷，有谁能拯救黎民百姓于水火之中呢？

（五）

长沮、桀溺耦而耕。孔子过之，使子路问津焉。长沮曰：“夫执舆者为谁？”子路曰：“为孔丘。”曰：“是鲁孔丘与？”曰：“是也。”曰：“是知津矣。”问于桀溺。桀溺曰：“子为谁？”曰：“为仲由。”曰：“是鲁孔丘之徒与？”对曰：“然。”曰：“滔滔者天下皆是也，而谁以易之？且而与其从辟人之士也，岂若从辟世之士哉？”耰而不辍。子路行以告。夫子怃然曰：“鸟兽不可与同群，吾非斯人之徒与而谁与？天下有道，丘不与易也。”（《论语·微子》）

【译文】

长沮、桀溺在一起耕种，孔子路过，让子路去询问渡口在哪里。长沮问子路说：“那个握着缰绳的是谁？”子路说：“是孔丘。”长沮说：“是鲁国的孔丘吗？”子路说：“是的。”长沮说：“那他是早已知道渡口的位置了。”子路再去问桀溺。桀溺说：“你是谁？”子路说：“我是仲由。”桀溺说：“你是鲁国孔丘的门徒吗？”子路说：“是的。”桀溺说：“像洪水一般的坏东西到处都是，你们同谁去改变它呢？而且你与其跟着躲避人的人，为什么不跟着我们这些躲避社会的人呢？”说完，仍旧不停地做田里的农活。子路回来后，把情况报告给孔子。孔子很失望地说：“人是不能与飞禽走兽合群共处的，我们不与世上的人群打交道还能与谁打交道呢？如果天下太平，我就不会与你们一道来从事改革了。”

【点评】

孔子尽管提出了“有道则见，无道则隐”的处世哲学，然而从他一生的所作所为来看，并没把这种处世哲学当作自己的行为原则。孔子是一位身体力行者，正因为春秋末期礼崩乐坏，社会动乱，天下无道，他才与自己的弟子们不辞辛苦地四处呼吁，为社会改革而努力，甚至“知其不可而为之”（《论语·宪问》），这是一种难能可贵的忧患意识和历史责任感，岂是那些自以为境界很高的“隐者”所能比的？

（六）

古之人，得志，泽加于民；不得志，修身见于世。穷则独善其身，达则兼善天下。（《孟子·尽心上》）

【译文】

古代的人，得志时施恩惠于百姓；不得志时修养自身以显现于世。穷困时保全自己，显达时使全天下受益。

【点评】

孟子的“穷则独善其身，达则兼善天下”，是中国古代文人的最高政治目标和人生境界，这种思想既体现了他们在人生道路上“入世”与“出世”的两难选择，也体现了他们在“进”与“退”的人生旅途中超凡的智慧。进可辅国，退可保身；既能入世，又能隐世，实为明智之举。

（七）

凡后生美质，须令晦养厚积。天道不翕聚，则不能发散，况人乎？花之千叶者无实，为其华美太发露耳。（明·王阳明《寄诸用明书》）

【译文】

有天赋的年轻人，必须令其收敛修养而厚积学问。天道运行还没有形成聚气，就不能发散，何况是人呢？有的花之所以有千叶而没有果实，就是由于华美外表太早外露的缘故。

【点评】

诸用明是王阳明的妻弟，他乐善好施，才华横溢却不求仕途，深得王阳明赏识。王阳明得知他儿子参加科举考试，就写此信提醒了一番。王阳明认为少年之时应该“晦养厚积”，不被功名所束缚，才能成为圣人。他二十二岁时考试落第，别人都以不中第为耻，他却笑着说：“汝以不得第为耻，吾以不得第动心为耻。”表达了他看淡功名、一心只为读书成圣的信念。

“待贾而沽”的诸葛亮

古代儒家经常讲“学而优则仕”,学好了本领,有几个不想出去大显身手,干一番事业呢?然而在古代,能干的值得称道的事业,也只有为官从政这一条路。其实,很多人并不是真的不想做官,而是时运不济,没能遇到好的“买主”,比如三国时期著名的政治家诸葛亮,当他还在南阳务农的时候,不过是在待贾而沽、待时而动罢了,又何尝真的想在农田里了此一生呢?

诸葛亮躬耕的南阳隆中,在今天的湖北襄阳、樊城一带。从地理位置来看,正是后来魏、蜀、吴三国接壤之处和政治、经济、文化的交汇点,是贤良之士云集的地方。诸葛亮常与崔州平、石广元、孟公威、徐元直等好友志士在一起纵论天下大事。其实,“南阳有隐居,高眠卧不足”的诸葛亮,他高卧隆中,并不是看透世事、逃避现实的真正隐士,而是享受着“秀才不出门,全知天下事”的隐居生活,时时关注当时风云变幻的社会发展动态,借躬耕以“待贾而沽”罢了。他“每自比于管仲、乐毅”,并且让别人四处传唱《梁甫吟》,无非是在为自己做广告而已,如果是真正的隐士,岂愿让别人了解自己的志向和行踪?

此时,诸葛亮一方面静观时势,“以待天时”,为自己施展政治抱负、雄才大略寻找机遇;另一方面蓄积力量,进行智力和知识的提升,准备进阶的身价,以期日后选择明主,作为大显身手、扬名天下的资本。而此时,胸怀大志的刘备正处于落魄的境地,他听闻卧龙先生的声名,慕名而往,三顾茅庐而终于得见。二人一拍即合,相见恨晚,诸葛亮以“隆中对策”博得刘备的赏识,最终成为刘备集团的中坚力量。诸葛亮的出仕,成就了刘备的蜀汉政权,也成就了自己流芳千古的英名。

中篇
守公德：大公无私，执政为民

对于执政者来说，讲公德就是要胸怀天下，为天下多数人谋利益。《吕氏春秋·贵公》说："治天下也，必先公，公则天下平矣。"执政者掌握着公家权力，掌管着公共资源，如果先私后公、私而忘公，就辜负了人民赋予的权力，为人民谋福利也就无从谈起。作为一名执政者，要有一心为公的正气，秉公用权，为民用权，才能以公心赢得民心。

让每一名执政者都具备全面的公德与素质，是国家长治久安、兴旺强盛的重要条件。要想成为一名合格的执政者，克己奉公、勤政爱民是最基本的素质。此外，执政者还必须严格要求自己，努力提高自己的执政能力，要有勇于担当的精神，恪尽职守的态度，宽和待民的胸怀，上和下睦的魅力，任贤使能的智慧，公正执法的勇气，锐意革新的魄力，虚心纳谏的度量，务实肯干的作风。只有具备这些能力和素质，才能真正用好人民赋予的权力，以崇高的官德扬起国家和民族奋进的征帆。

大公：大道之行，天下为公

《礼记·礼运》中的“大道之行也，天下为公”，描绘了上古社会的美好景象，体现了人们对美好社会的向往和追求。从这句话的意思来看，就是“当政治运行到最理想的状态时，天下就归人们共同所有”，在这样的社会中，人们都敬老爱幼、安居乐业，都能为他人着想，每个人都在享受着充足的社会保障，同时又都各尽所能，创造着这个社会所需要的东西。这种思想尽管过于理想化，但这种美好图景所构建的人人彼此关心、互助的良好关系、一心为公的执政理念也非常值得执政者学习和实践，具有很强的现实指导意义。

（一）

子产相郑，简公谓子产曰：“饮酒不乐也，俎豆不大，钟鼓竽瑟不鸣，寡人之事不一。国家不定，百姓不治，耕战不辑睦，亦子之罪。子有职，寡人亦有职，各守其职。”子产退而为政五年，国无盗贼，道不拾遗，桃枣荫于街者莫有援也，锥刀遗道三日可反。三年不变，民无饥也。（《韩非子·外储说左上》）

【译文】

子产做郑国相国时，郑简公曾对他说：“目前我饮酒没感到欢乐，祭祀摆放的祭器不够大，钟鼓琴瑟等乐器演奏得不够响亮，这是我为政不能专一的缘故；而国家不能安定，百姓不能得到治理，农民与军士不能够和睦，造成这些情况，都是你的罪过了。你有你的职责，我也有我的职责，我们各自做好自己的职责吧。”子产退下后，从政五年，使得郑国没有盗贼，人们在大道上不捡拾别人丢失的东西，长势茂盛的桃树、枣树在街边没人伸手去摘，锥子和刀子丢在道上，最多三天就能物归原主。这种和谐景象三年都没有发生变化，百姓也没有挨饿的。

【点评】

子产治郑是法家推行大道而使国家和谐繁荣的典型。针对君主的公室事务管理混乱，而民间又因盗贼泛滥、不同职业的人群相互不和睦而造成社会动荡，郑简公与子产各司其职，让社会风气大变，国内没有盗贼，百姓路不拾遗。一切混乱的根源都在于没有摆好对应的位置，而郑国所行之“大道”就在于政治清明，上下各司其职，从而使社会安定。

（二）

荆人有遗弓者，而不肯索，曰：“荆人遗之，荆人得之，又何索焉？”孔子闻之曰：“去其‘荆’而可矣。”老聃闻之曰：“去其‘人’而可矣。”故老聃则至公矣。（《吕氏春秋·孟春纪·贵公》）

【译文】

有个楚国人丢了弓，却不肯去寻找，他说：“楚人丢了弓，楚人捡到弓，又何必去寻找呢？”孔子听闻后说道：“他把话中的那个‘楚’字去掉就好了。”老聃听闻后说：“再把话中的‘人’字去掉就好了。”所以说，老聃达到了公的最高境界。

【点评】

这个丢弓的楚国人是有“公心”的，他从国家的角度出发，认为弓只要是被国人捡到，就没有什么可惜的。孔子则突破了国家的界限，把“公”的境界提升到了整个人类社会，认为只要有人捡到，就没什么值得可惜的。老子在孔子的基础上，进一步突破了物种的界限，把“公”的境界提升到了万物，认为众生皆平等，可见老子达到了“大公”的最高境界。

（三）

赵奢者，赵之田部吏也。收租税而平原君家不肯出租，奢以法治之，杀平原君用事者九人。平原君怒，将杀奢。奢因说曰：“君于赵为贵公子，今纵君家而不奉公则法削，法削则国弱，国弱则诸侯加兵，诸侯加兵是无赵也，君安得有此富乎？以君之贵，奉公如法则上下平，上下平则国强，国强则赵固，而君为贵戚，岂轻于天下邪？”平原君以为贤，言之于王。王用之治国赋，国赋大平，民富而府库实。（《史记·廉颇蔺相如列传》）

【译文】

赵奢是赵国征收田租的一个小官。一次，他到平原君家收取租税，但平原君的家人不肯缴税，赵奢就依法判了他们的罪，把平原君家里九个主事的人杀了。平原君非常生气，要杀赵奢。赵奢却说：“您是赵国的贵公子，若是纵容家臣不遵国法，国家法律的尊严就会被削弱。国家法律的尊严削弱了，国力就会被削弱，国力受到削弱，敌国就会趁势入侵，赵国也就不复存在了。那个时候，您还能从哪里享受现在的富贵呢？您拥有尊贵的地位，倘若您奉公守法，严于律己，那赵国上下就都会向您看齐。全国民众都奉公守法了，那么国力必然会强盛，国力强盛了，赵国的社稷就稳固了。而您身为赵国贵戚，怎么会被天下人看轻呢？”平原君认为赵奢是个非常难得的贤才，就把他举荐给赵王。赵王派他管理国家税收，结果国家赋税收得十分公正合理，赵国百姓变得很富裕，国家府库也充实起来。

【点评】

赵奢品行端正，不偏私，不害公，坚持做到法律面前人人平等，是一位正直而富有公德心的执法良吏。他依法惩治平原君的家臣，并采用迂回的言辞策略，站在平原君的立场上，抽丝剥茧般地对其晓以利害，逐渐让平原君平息了怒火。对于执政者来说，只要心存“天下为公”的理念，即使在很卑微的职位上，也能取得杰出的成就。

(四)

大道之行也，天下为公，选贤与能，讲信修睦。故人不独亲其亲，不独子其子，使老有所终，壮有所用，幼有所长，鳏寡孤独废疾者，皆有所养。男有分，女有归。货恶其弃于地也，不必藏于己；力恶其不出于身也，不必为己。是故谋闭而不兴，盗窃乱贼而不作，故外户而不闭，是谓大同。(《礼记·礼运》)

【译文】

在大道施行的时代，整个天下是人们共有的。那时的官僚是选拔任用有德行有才能的人，人与人之间讲求诚信，和睦相处。所以人们不单亲近自己的父母，爱护自己的孩子，让老年人能安享晚年，青壮年能发挥专长，小孩子能顺利成长，使鳏夫、寡妇、丧父的孤儿、丧子的老人以及残疾人都能得到应有的供养。男子都有职业，女子都能适时有自己的归宿。人们憎恶将财物糟蹋浪费的行为，却不一定会自己私藏；人们都愿意为公众的事情竭尽心力，却不一定为自己服务。因此奸邪的事不会产生，盗窃、叛乱、祸害人的事不会发生。所以，外出时只需把门带上，而不用上锁，这就是所谓的“大同”了。

【点评】

孔子在这里追述了上古“大同”社会的景象。在“大同”社会里，“天下为公”，没有剥削压迫，人与人之间互信互爱，和睦相处，天下太平无事，百姓安居乐业。“天下为公”的社会愿景，其实也可以看作一种行为规范、一种执政目标导向。执政者只有在心底真正种下“天下为公”的种子，才能在现实中真正执政为民，营造良好的社会氛围，为更广大意义上的“大同”社会贡献力量。

（五）

凡为天下国家有九经，曰：修身也，尊贤也，亲亲也，敬大臣也，体群臣也，子庶民也，来百工也，柔远人也，怀诸侯也。（《礼记·中庸》）

【译文】

大凡治理天下的国家都有九条原则，分别是：修行自身，尊重贤人，亲爱亲属，敬重大臣，体恤群臣，爱民如子，招徕各类工匠，优待来自远方的人，安抚四方的诸侯。

【点评】

上古的虞、夏、商、周四代的贤君之所以能通行“王天下”之道，使四海归心，就是由于他们“柔远能迩”，对内尊贤爱民，对外安抚万邦，这就符合“大同”社会的公德和秩序了。这种“大同”之道在后世成为华夏民族“大一统”的文化思维，成为历代英明的执政者追求的终极境界。

（六）

河间献王曰：“尧存心于天下，加志于穷民，痛万姓之罹罪，忧众生之不遂也。有一民饥，则曰‘此我饥之也’；有一人寒，则曰‘此我寒之也’；一民有罪，则曰‘此我陷之也’。仁昭而义立，德博而化广；故不赏而民劝，不罚而民治。先恕而后教，是尧道也。”（西汉·刘向《说苑·君道》）

【译文】

河间献王刘德说：“尧心怀天下，并更加关心那些穷苦的百姓，为百姓所遭受的苦难而感到痛心，为芸芸众生不能如意而忧心。只要有一个人挨饿，就说‘这是因我的问题才使他挨饿的’；只要有一个人受冻，就说‘这是因我的问题才使他受冻的’；只要有一个人犯了罪，就说‘这是因我的问题才使他走上犯罪道路的’。尧将仁爱发扬，将行为准则确立，德行广博，教化普及，所以即便没有赏赐，人民都会努力去做；即便没有刑罚，人民也能得到治理。先宽恕别人的错误，然后再去实施教化，这就是尧的治国之道。”

【点评】

尧舜时代的社会，无论是君主还是百官，都是通过人民的推举产生的，都唯恐自己的政绩不佳而连累百姓。唐代文学家韩愈在《原毁》中说：“古之君子，其责己也重以周，其待人也轻以约。”意思是说，上古的圣贤都是对自己严格要求，对别人十分宽厚。如果每个执政者都能够抛开利欲的羁绊，将自己的才智和精力都投入到服务人民的事业上，就能建立起一个“官民一家亲”的和谐社会。

（七）

国为公有之大义，既为天下之公理，万国所公行，苟不得者，则国民咸出死力而求必得之。（清·康有为《救亡论》）

【译文】

国家公有的道理，已经证明是天下的公理，世界各国都要遵循，一旦它不是公有的，国民都会挺身而出，尽全力去争取。

【点评】

康有为是清末民初的风云人物，他认为“国为公有”是各国必须遵循的公理，是与每个人都息息相关的“大义”，表达了“天下兴亡，匹夫有责”的深刻内涵。“国为公有”尽管在当时并未实现，却真实地传达出近代思想家们在救亡图存道路上的艰难探索。

祁黄羊荐贤一心为公

春秋时，晋国国君晋平公有一次问大臣祁黄羊，南阳的长官派谁去当比较合适。祁黄羊不假思索地回答：“让解狐去最合适，他一定能胜任。”

晋平公很惊讶,因为解狐是祁黄羊的仇人,他不明白祁黄羊为什么要推荐自己的仇人。祁黄羊说:"您只是问我什么人能胜任这一职位,谁最适合当这个长官,并没有问我解狐是不是我的仇人呀!"

于是,解狐就被晋平公派到南阳去上任了。解狐到任后,果然不负众望,真的为当地人办了很多好事,大家都称颂他。

过了一段时间,朝廷里缺少一个法官,晋平公又问祁黄羊谁能胜任这个职位,祁黄羊回答说祁午能胜任。

晋平公又觉得奇怪了,说:"祁午是你的儿子,你这样公然不避亲地举荐自己的儿子,不担心别人说你的闲话吗?"祁黄羊回答说:"您只是问我谁可以胜任法官这个职位,他能胜任,所以我推荐了他,您又没有问我祁午是不是我的儿子呀!"

晋平公听从了祁黄羊的建议,派祁午去做法官。祁午当了法官后,真的为百姓办了很多好事,受到百姓的欢迎与爱戴。

祁黄羊推荐人,既不避仇也不避亲。他不因解狐是自己的仇人而对他心存怨恨,就不举荐他,也不因祁午是自己的儿子而担心别人的议论,就不推荐他。可见祁黄羊是将国家的大利放在首位,不是以个人的恩仇作为评判的依据,真正践行了一心为公的执政理念。

无私：天无私覆，地无私载

老子曾说："非以其无私邪，故能成其私。"他认为，社会是一个客观的整体，人只是其中的一部分。得道的圣人能效法天地之道立身处世，去掉自我的私心，不为刻意追求自我而脱离整体。而只要整体得到实现，个体自然也会得到各方面的满足。执政者也应该把自身的利益置于国家和社会的整体利益之中，只有无私才能无畏，无畏才能担当。相反，如果执政者心存私心、私情、私利、私名，以公权谋私利，行事就会畏首畏尾、瞻前顾后，总想为自己打小算盘，当然不可能在关键时刻勇敢亮剑，在是非面前坚守立场，在困难面前一往无前。

（一）

无偏无陂，遵王之义；无有作好，遵王之道；无有作恶，遵王之路。无偏无党，王道荡荡；无党无偏，王道平平；无反无侧，王道正直。（《尚书·洪范》）

【译文】

为政者不能有偏向和邪曲，要遵守先王的道义；不能有个人的私心偏好，要遵守先王的大道；不能为非作歹，要遵行先王的正路。没有偏私，不结朋党，王道就会广阔浩荡；不结朋党，没有偏私，王道就会平坦顺畅；不违反王道，不偏离法度，王道就会正直通达。

【点评】

这段选文是箕子在周武王向他请教如何依照天理来治理天下时所说的话。箕子认为只有做君王的恪守王道，做臣子的做好本职，天下才能太平无事。无论做君王的还是做臣子的，都应做到无私。能做到无私，也就能做到“以天下为公”。能做到“以天下为公”，那么众多事情就都能正常运行而无阻碍了。

（二）

上好权谋，则臣下百吏诞诈之人乘是而后欺。探筹投钩者，所以为公也；上好曲私，则臣下百吏乘是而后偏。衡石称县者，所以为平也；上好倾覆，则臣下百吏乘是而后险。（《荀子·君道》）

【译文】

若君主喜好权谋，那么臣下和百官中那些喜好虚妄奸诈之人就会乘机随后实施欺诈。抽签和抓阄活动是为了表明公正；如果君主喜好偏私，那么臣下和百官也会乘机在随后做出偏颇之事。用杆秤称量器物，是为了表现公平；如果君主喜好打破标准，那么臣下和百官就会乘机在随后做出冒险的事来。

【点评】

荀子认为，国家并不缺乏精密可靠的治国重器，而是缺乏能够操控治国重器的人才。如果君主淫乱乖顽，有再多的国家机器也会被滥用而失去其本身价值，反倒成为颠覆国家的凶器。对于执政者来说，必须端正自身，严控私欲，才能让国家平稳运行。

（三）

管仲敬诺，曰：“公谁欲相？”公曰：“鲍叔牙可乎？”管仲对曰：“不可。夷吾善鲍叔牙，鲍叔牙之为人也，清廉洁直，视不己

若者，不比于人；一闻人之过，终身不忘。”(《吕氏春秋·孟春纪·贵公》)

【译文】

管仲恭敬地答应了，问：“您想任用谁做丞相?”齐桓公问：“鲍叔牙可以吗?”管仲回答说：“不行。我和鲍叔牙交情很好，他为人清正廉洁，刚直不阿，但对不如自己的人，不能平等看待；一旦听到别人的过失，一辈子也不会忘记。”

【点评】

齐国名相管仲病危时，齐桓公提议鲍叔牙接替相国一职。管仲虽然素与鲍叔牙交好，但他深知鲍叔牙为人善恶过于分明，见人一恶终身不忘，不适合担任丞相一职。出于对国家长远利益的考虑，管仲并没有存私心偏爱友人，断然否定了齐桓公以鲍叔牙为相的提议，转而推荐了不拘小节，为人忠厚，居家不忘公事的隰朋，可见他的大公无私。

(四)

天子为治第，令骠骑(霍去病)视之，对曰：“匈奴未灭，无以家为也。”(《史记·卫将军骠骑列传》)

【译文】

汉武帝为霍去病修建府宅，让他来观看，霍去病回答说：“目前匈奴还没被平灭，我没有什么理由建立家室啊!”

【点评】

西汉武帝时期，名将霍去病为汉朝北征匈奴，立下了汗马功劳。汉武帝为其建造豪宅以表彰，他却不为所动，发出了“匈奴未灭，何以家为”的豪言壮语，既体现了这位勇冠三军的将军誓死灭敌的气魄，也展现了他不为一己私欲，忠心为国消除祸患的豪迈精神。

（五）

子夏曰："三王之德，参于天地，敢问：何如斯可谓参于天地矣？"孔子曰："奉三无私以劳天下。"子夏曰："敢问何谓三无私？"孔子曰："天无私覆，地无私载，日月无私照。奉斯三者以劳天下，此之谓三无私。"（《礼记·孔子闲居》）

【译文】

子夏问道："夏禹、商汤、周文王的德行，与天地并列而为三。请问怎样才可以称作是与天地并列而为三呢?"孔子答道："要遵奉'三无私'的精神，以恩德招揽天下百姓。"子夏接着问道："什么叫作'三无私'呢?"孔子答道："就是像天那样无私地覆盖万物，像地那样无私地承载万物，像日月那样无私地照耀万物。按照这三条来招揽天下百姓，就叫作'三无私'。"

【点评】

天地因其无私，故能成其高，成其厚，成其久远，成其至高无上之法则。执政者要等天齐地，达到修身的最高境界，必须清明如日月，无私如天地，无名利地位之欲，无患得患失之忧，顺天地之性，应人物之情，做好分内之事，不以物喜，不以己悲，才算是真正做到了大公无私。

（六）

清风两袖朝天去，不带江南一寸棉。（明·况钟《拒礼诗》）

【译文】

两袖清风去朝见天子，不带走江南的一寸棉。

【点评】

此诗作者况钟是明代一位受百姓爱戴的清官，被时人誉为"况青天"。这首诗作于况钟应召前往北京接受政绩考察前，他在苏州渡口与送行的百姓告别时，借此诗表达居官清廉、坦荡无私的心志。况钟办事公正，没有私心，一切以百姓的利益为重，将个人的私利抛到脑后。当时官场风气非常不好，地方官进京朝见皇帝，还要带上金银珍宝、名产土仪等献给京城里有权势的贵族官僚，但况钟不肯同流合污，进京朝见时只带了两袖清风，表现出他公正无私、不媚权贵的高尚品质。

剥民以自利，吾心不安

元代的刘容，字仲宽，本为一基层小吏，后来受到国师推荐入东宫侍奉太子，专门掌管府库。元世祖忽必烈因闻知刘容熟习吏治，召他至镇海，命他暂为中书省官员，事毕仍复前职。

至元十五年(1278)，刘容以中书省掾的身份奉诏出使江西，去抚慰新近归附的江西百姓。当时有人劝他稍微收取一些民众的馈礼，好在回京时贿赂权贵，也能尽早得到重用。刘容说："剥削民脂民膏来为自己图利，这让我的内心怎能得到安宁呢?"等他出使回京时，只装载了几车的书籍，献给了皇太子。于是，嫉妒刘容的人便趁机进谗言陷害他，权贵们也都对刘容有所疏远，但刘容并没有加以辩解。

先前，广平富民有同姓的两人争夺财产而引发官司，连续诉讼几年都无法判决。刘容到任审理此案时，并没有像那些平庸贪财的官僚一样垂涎于富户的财产而挑唆二人贿赂自己以求获利，而是调取了户籍档案并考察二人父亲和祖父的名字，获得了有价值的真相，于是当即判决，两个争讼者立马服判，巧妙地化解了矛盾。

刘容身为朝廷命官，却心系百姓，既能忠心侍上，为官得体，又能依靠自己有限的权力为百姓减轻负担而不自图利益，体现了他的为官智慧以及体恤人民的无私精神。

重民:民惟邦本,民贵君轻

中国早在商代就有了“民本”思想,这是执政者经过长期实践得出的宝贵结论。因为国家在举行战争、迁徙、劝农、征缴赋税等活动时,必须动员广大人民才能完成。如果民心抵触,执政者的政令不能通达,国家就会变得混乱不堪,各种危害社会的现象就会蔓延滋生。到那时,社稷动荡,民心思变,国家就离灭亡不远了。到了战国时期,孟子提出了“民为贵,社稷次之,君为轻”的学说,将人民的地位放在君主、社稷之上,把“民本”思想又向前推进了一步。一代明君唐太宗也曾将君王比作船,人民比作水,认为人民能拥护君王,也能将君王推翻,他在位期间勤政爱民,开创了著名的“贞观之治”,称得上是“民本”思想最成功的实践者之一。

(一)

皇祖有训,民可近,不可下。民惟邦本,本固邦宁。予视天下,愚夫愚妇,一能胜予。一人三失,怨岂在明,不见是图。予临兆民,懔乎若朽索之驭六马。为人上者,奈何不敬?(《尚书·五子之歌》)

【译文】

伟大的先祖曾经说过:人民只可以亲近,不可以轻视。人民是国家的根本，根本牢固了，国家才能长治久安。我看天下的人民，哪怕是个普通人，也能胜过我。一个人多次犯错，考察民怨难道要等它显明之时吗？应该在它尚未形成时就未雨绸缪。我面对人民，就像是用腐朽的绳索驾驭六匹马的马车般惶恐。做君王的怎能不敬畏人民呢？

【点评】

古代政治中，人民的力量是任何执政者都不可漠视的。正所谓，“天下顺治在民富，天下和静在民乐，天下兴行在民趋于正”；“政之所兴在顺民心，政之所废在逆民心”。一个国家的发展要以人为本，在人民的实践与智慧中获得前进的动力。

（二）

夫霸王之所始也，以人为本。本治则国固，本乱则国危。（《管子·霸言》）

【译文】

成就霸王之业的开始，是以人民为根本。这个根本理顺了，国家就会稳固；这个根本乱了，国家就会面临危亡。

【点评】

春秋时期的齐相管仲说出了强国政策中人民的重要作用。古人说“圣人无常心，以百姓之心为心”“德莫高于爱民，行莫贱于害民”，其实就是要求执政者从人民的立场考虑问题，加强自身与人民的血肉联系，增强与人民的凝聚力。民心齐，国方强。

（三）

君子有力于民，则进爵禄，不辞富贵；无力于民而旅食，不恶贫贱。（《晏子春秋·内篇杂上》）

【译文】

君子如果为人民用心费力就加官进爵，不拒绝富贵；君子如果没有为人民耗费精力而客居他地生活，也不会厌恶自己贫穷和卑贱的地位。

【点评】

俗话说："君子爱财，取之有道。"晏子认为，能为人民做事、谋福祉的人，自己得到财富也是应该的。如果自己不能为人民做事，即便处于贫困的境地中，也是没有什么可埋怨的。将人民的贫富视作自己的贫富，是执政者为民做事的重要观念。

（四）

有虞氏养国老于上庠，养庶老于下庠。夏后氏养国老于东序，养庶老于西序。殷人养国老于右学，养庶老于左学。周人养国老于东胶，养庶老于虞庠：虞庠在国之西郊。（《礼记·王制》）

【译文】

有虞氏将国中长老奉养在上等学官中，将普通老人奉养在下等学官中。夏后氏将国中长老奉养在王宫东侧的太学中，将普通老人奉养在王宫西侧的小学学官中。殷人将国中长老奉养在右学学官中，将普通老人奉养在左学学官中。周人将国中长老奉养在东胶太学中，将普通老人奉养在国都西胶的小学学官中。

【点评】

我国自古就有敬老、养老的传统。从有虞氏到西周王朝，将老人奉养在学宫当中，是一种基于孝道思想的国家行为。因为学宫是一个国家荟萃道德与思想的地方，也是人们普遍仰慕的精神家园。老人们在这里得到奉养，一方面能使他们接触到社会精英与道德楷模，其乐融融；另一方面，让道德楷模与社会精英善待老人，也能起到向全社会传播敬老、爱老理念的作用，从而使社会风气变得更加和谐、健康。

（五）

新安太守巢尚之罢郡还，见帝，曰：“卿至湘宫寺未？我起此寺，是大功德。”愿在侧曰：“陛下起此寺，皆是百姓卖儿贴妇钱，佛若有知，当悲哭哀愍，罪高浮图，有何功德？”尚书令袁粲在坐，为之失色。帝乃怒，使人驱下殿。愿徐去无异容。（《南齐书·虞愿传》）

【译文】

新安太守巢尚之离任回京都，拜见皇帝。皇帝说：“你去了湘宫寺没有？我建造这座寺院，是一个大功德。”虞愿在一旁说：“陛下建造此寺，用的都是老百姓卖儿卖女典当老婆的钱。佛如果有知，就应当悲哭哀愍，你的罪孽和佛塔一样高，哪里有什么功德？”尚书令袁粲当时也在座，听了这话大惊失色。皇帝于是大怒，叫人把虞愿驱赶下殿。虞愿从容而去，神色不变。

【点评】

封建时代天灾不断，但人祸更惨烈，一旦以皇帝为首的统治者奢侈挥霍，就会加重人民的负担，使民众苦不堪言。比如南朝宋明帝佞佛，所建湘宫寺极其奢侈。虞愿作为一位重民爱民的好官，忧怜民众疾苦，他不惜冒着生命危险为民请命，面斥皇帝崇佛害民，实乃执政者爱民的榜样。

（六）

诏振贷鳏、寡、孤、独、穷困之人。又令：“八十已上，月赐米、肉、酒；九十已上，加赐帛、絮。赐物当禀鬻米者，长吏阅视，丞若尉致；不满九十，啬夫、令史致；二千石遣都吏循行，不称者督之。”（《资治通鉴·汉纪》）

【译文】

汉文帝下诏赈济那些老而无妻的人、寡妇、孤儿、膝下无儿女的人以及穷困潦倒的人。又下令："凡是八十岁以上的老者，每月赏赐米、肉和酒；九十岁以上的老者，再额外增加布帛和棉絮。对于应当受赐米的人，各地官吏要亲自督办，由县丞、县尉送到；年龄不满九十岁的老者，就由县啬夫、令史亲自送上门；在郡国，秩禄在二千石的长官要派遣都吏在整个郡国循行监察县级官吏，发现有不称职不按诏令执行的县官要给予监督并强制执行。"

【点评】

汉文帝的这些举措，体现了他积极施行社会救助政策的人文关怀。社会救助制度自尧舜以来就有，尤其是在太平盛世，英明的君主都会发令动用国家府库，输出粮、布，赈济灾民或社会弱势群体，以保其渡过难关。民为国家之本，只有关心百姓疾苦，才能使得人民心向往之。

（七）

臣闻帝王之治，欲攘外者必先安内。《书》曰："民惟邦本，本固邦宁。"自古虽极治之时，不能无夷狄盗贼之患，唯百姓安乐、家给人足，则虽有外患而邦本深固，自可无虞。唯是百姓愁苦思乱，民不聊生，然后夷狄盗贼乘之而起。盖安民可以行义，而危民易与为非，其势然也。（明·张居正《陈六事疏》）

【译文】

臣听说帝王治理国家，想要抵御外侮，先要使国内安定。《尚书》中说："人民是国家的根本，根本牢固了，国家才会安宁。"自古以来，即使是治理达到极致时也不可能没有四夷盗贼的祸患，只要百姓安乐、生活供给充足，那么即使有外患，国家也能安定稳固，自然可以太平无事。只是百姓忧愁痛苦思谋动乱，实在生活不下去了，四夷盗贼就会趁乱而起。大概安定时候的人民可以遵行道义，危难时候的人民就容易为非作歹，是情势使他们这样的。

【点评】

中国古代社会是传统的农业社会，农业人口占据了全国人口规模的绝大部分，农民的生存状况决定了社会的基本走向。从古代历史的记载看，多数的农民起义运动，都是在官逼民反的状况下发生的，所以只要执政者能让利于民，不对农民的基本生存构成威胁，就能保证社会的基本稳定，也不会有大范围农民起义运动的爆发。碰上政治清明的王朝统治，边境能保持相对安定的状态，盗贼也不会猖獗。这也就可以解释张居正所说的“安民可以行义，而危民易与为非”了。

赵威后问齐使

战国后期，齐国被燕、赵等五国联军攻占了五年。虽经田单反攻光复国土，齐太子法章继位为齐襄王，但齐国经过连年战争，已经是百废待兴。在休养生息一段时间后，齐襄王准备与国力尚雄厚的赵国重新修好，就派使者到赵国去慰问赵威后。

齐使到了赵国拜见赵威后。递交的国书尚未揭开，赵威后就问齐使说：“今年齐国的收成如何？百姓过得怎么样？齐王还康健吗？”齐使听后有些不高兴，就说：“外臣是奉了齐王之命而出使赵国，如今太后不先问候齐王，反倒先问起齐国今年的收成和百姓，这岂不是把低贱的置于前，而把尊贵的置于后了吗？”赵威后回答说：“并非如此啊。如果连收成都没有的话，又谈何有百姓呢？如果连百姓都没有的话，又哪里有国君呢？所以我才会如此发问，怎能不先问国之根本而专问国之末梢呢？”

赵威后又问齐使：“在齐国民间有个处士叫钟离子，他现在还安好吧？此人的为人，是对于有口粮的百姓他也给食物，无口粮的百姓他也给食物；有衣服穿的人他给人家衣服穿，没衣服穿的人他也给人家衣服穿。钟离子这是在帮助齐王抚养百姓啊，为何到如今也没让他为官去成就一番功业呢？齐国的叶阳子目前也还安好吧？这个人的为人，是可怜那些无妻无夫的鳏寡，照顾体恤那些孤儿寡母，救济那些生活贫困之人，补给那些缺少衣食之人。叶阳子这是在帮助齐王养育百姓啊，为何到如今也没让他为官去成就一番事业呢？北宫氏家族的女子婴儿子现在也安然无恙吧？她毅然摘下耳环、首饰，到老也不出嫁，以此来奉养自己的父母。婴儿子这是在引领齐国百姓尽孝道啊，为何齐王到如今也没授予她命妇名号并召见她呢？齐王使两名民间义士不能成就功业，一名孝女不得成为命妇，那他还靠什么来统治齐国，来当齐国百姓的父母呢？於陵子仲目前还在世吧？这个人的为人，是上不向国君称臣，下不齐其家室，也不与其他诸侯交往，於陵子仲这是在诱导齐国百姓做无用之人啊，为何到如今还没有被杀？”赵威后的连续发问，问得齐国使者哑口无言。

赵威后在战国后期执掌赵国国政，她为政清正贤明，善于体察民情，举贤任能，使赵国国力空前强大。赵威后询问齐使的话，说明齐王不懂得人民为国家之本，齐国不贵民而贵君，简直是舍本逐末；赵威后的问话，也说明她懂得要想了解一个国家，必先了解该国的民情。她重视民生的理念，正体现为政者民贵君轻的思想。她质问齐使有三名齐国民间人士好仁孝、重德义，却都没能得到重视，反倒让一个无用之徒逍遥于世，批评齐王不懂得珍视民间真正的有用之士。这番话让赵威后的治国水平和贵民思想得到了充分体现。

爱国：忧以天下，乐以天下

中华民族爱国主义传统源远流长，表现形式广泛，如捍卫国家尊严，维护疆土完整，保持民族气节，心怀天下，为民请命，勇于革新，等等。值得注意的是，古代爱国主义往往是与“忠君意识”联系在一起的，这是因为古代政治体制是家、国同构的，国君为国家代表，国难就是家仇，忠君就是大义。以今天的价值观来看，要判断一个人是不是爱国者，要看他的思想是否维护了中华民族、中华文化的存在和绵延。这样看来，屈原、岳飞、范仲淹、陆游、文天祥、史可法等人，虽然都有不同程度的忠君甚至愚忠的思想意识，但这并不妨碍他们成为爱国者。

（一）

及昭王在随，申包胥如秦乞师，曰：“吴为封豕、长蛇，以荐食上国，虐始于楚。寡君失守社稷，越在草莽，使下臣告急曰：‘夷德无厌，若邻于君，疆场之患也。逮吴之未定，君其取分焉。若楚之遂亡，君之土也。若以君灵抚之，世以事君。’”秦伯使辞焉，曰：“寡人闻命矣。子姑就馆，将图而告。”对曰：“寡君越在草莽，未获所伏，下臣何敢即安？”立，依于庭墙而哭，日夜不绝声，勺饮不入口七日。秦哀公为之赋《无衣》。九顿首而坐。秦师乃出。（《左传·定公四年》）

【译文】

等到吴军攻入楚郢都，楚昭王逃亡在随地时，申包胥只身去了秦国请求援兵，他说：“吴国是凶残的大豪猪和毒辣的巨蛇，它们凭借凶暴蚕食北方的诸侯，为害从楚国开始。我国君主如今失去了社稷，已经跑到荒野中躲避，让小臣我来向秦国告急说：‘蛮夷之邦贪得无厌，如果它们与您的国家相邻，那就会造成边疆之患。趁着吴国尚未在楚国站稳脚跟，请您还是去夺取分割楚国的部分领地吧。如果楚国就此灭亡了，那也是失掉了您的土地。如果能凭借您的威灵安抚楚国，楚国将世代事奉秦君。’”秦哀公派人推辞说：“我已听说楚君的诉求。您暂且在馆舍歇息，我们商议好后再来通知您。”申包胥回答说：“我国君主现在流落于荒野，尚未得到安居之所，臣下我又怎敢苟安于馆舍？”说罢，申包胥站起来，靠着秦国门庭的墙壁哭泣，哭声从早到晚连绵不绝，连续七天连一勺水都没喝。秦哀公为此赋诗《无衣》以表达愿与楚国同仇敌忾。于是申包胥向秦哀公磕头九下后，才坐起来。秦国终于出兵，伐吴救楚。

【点评】

这是一段“申包胥泣秦廷”的感人故事。在吴人入郢大破楚国，楚王出逃的危难之际，申包胥挺身而出，去秦国搬请救兵，以诚恳之心说秦君。不但晓之以理，言吴灭楚后，将会危害秦国；而且动之以情，七日长哭绝食，终于感动秦哀公发兵救楚。秦哀公所赋《无衣》收录在《诗经·秦风·无衣》中，诗旨就是秦国将士同仇敌忾，共同上阵杀敌。秦哀公赋此诗，即表示愿意与楚国共同伐吴。结果吴国因受秦楚夹击，加之国内内乱而退兵。楚昭王复国后要封赏申包胥，申包胥坚持不受，带领全家逃进山中隐居。从此，申包胥成为忠君爱国的典范。

（二）

秦穆公使孟明举兵袭郑，过周以东。郑之贾人弦高、蹇他相与谋曰：“师行数千里，数绝诸侯之地，其势必袭郑。凡袭国者，以为无备也。今示以知其情，必不敢进。”乃矫郑伯之命，以十二牛

劳之。三率相与谋曰:“凡袭人者,以为弗知,今已知之矣,守备必固,进必无功。”乃还师而反。(《淮南子·人间训》)

【译文】

秦穆公派孟明率领军队袭击郑国,经过周国后就往东走。郑国的商人弦高和蹇他一起商量说:“秦国的军队行军千里,又几次经过各诸侯国的土地,他们的势头一定是要袭击郑国。大凡偷袭别国的,都认为别人没有防备。如果让秦军知晓我们已经知情,他们一定不敢前进了。”于是假托郑君的命令,用十二头牛犒劳秦军。秦国的三个将领一起商量说:“大凡袭击别人的,都认为别人不知道情况,现在郑国已经知道了,防备一定很坚固,进兵一定不会取胜。”于是调转军队返回秦国了。

【点评】

弦高是一个普通的商人,在国难当头之际,他临危不惧,舍财施计,显示出非凡的智慧和胆略,终于凭借着一颗忠君爱国之心,计退秦师,保全了国家。史载,当郑穆公要奖赏弦高“存国之功”时,他坚辞不受,因为他认为忠于国家是自己分内之事,如果受赏,便是把自己当作外人了。弦高这种“国家兴亡,匹夫有责”的爱国精神以及不计得失、不慕名利的高尚品质是难能可贵的,值得后世人敬仰和学习。

(三)

先天下之忧而忧,后天下之乐而乐。(北宋·范仲淹《岳阳楼记》)

【译文】

在天下人忧愁之前就忧愁,在天下人快乐之后才快乐。

【点评】

这句话表达了北宋名相范仲淹心系祖国、奉献人民的心志,体现了一个封建士大夫崇高的精神境界,也是作者人格的象征。因此,千百年来一直被有良知、有抱负的知识分子视为立身处世的座右铭,并激励着一代又一代有志之士把国家、民族的利益摆在首位,为祖国的前途、命运解忧分愁，为天下人的幸福出力。

（四）

位卑未敢忘忧国。（南宋·陆游《病起书怀》）

【译文】

即使地位卑微，我也不敢忘记忧国忧民的责任。

【点评】

“位卑未敢忘忧国”，与明末清初思想家顾炎武的“天下兴亡，匹夫有责”一样，揭示了人民与国家的血肉关系。爱国从来和个人地位、财富多寡无关，即便地位低微，也应心系祖国，立足自身的岗位职能，辛勤工作，为社会做贡献，为人民谋幸福，在奉献中实现自己的人生价值。

（五）

死去元知万事空，但悲不见九州同。王师北定中原日，家祭无忘告乃翁。（南宋·陆游《示儿》）

【译文】

我本来就知道，死后人世间的事就都与我无关了；唯一使我痛心的，就是没能亲眼看到祖国统一。等到朝廷军队收复中原的那一天，你们在举行家祭时千万别忘记告诉我这个好消息。

【点评】

陆游是南宋著名爱国诗人，他一生致力于驱逐金人，恢复中原，实现国家的统一，虽然屡遭挫折，壮志难酬，但仍然矢志不渝。但是，直到病榻弥留之际，他也没能实现这个心愿，所以临终时给儿子留下了这首诗，希望有朝一日子孙在家祭时能够以“北定中原”的捷报告慰于他的灵前。此诗传达出诗人深沉真挚的爱国情怀，倾注了诗人不能亲见国家统一的深深惆怅，和对抗金事业必成的坚定信念。

（六）

苟利国家生死以，岂因祸福避趋之？（清·林则徐《赴戍登程口占示家人》）

【译文】

如果对国家有利，我将不计较个人的生死。难道能因为有祸就躲避、有福就上前迎受吗？

【点评】

林则徐虎门销烟有功，却遭小人诬陷，被道光帝革职，发配伊犁。这首诗正是他被充军去伊犁途中，途经西安时口授留别家人的话，林则徐借此表明自己在禁烟抗英问题上不顾个人安危的态度，虽遭革职充军也不后悔。对为官者来说，受到重用时爱国忧民不难做到，而受到排挤打击时，仍然心怀天下，这才是难能可贵的。

文天祥誓死尽忠大宋

文天祥(1236—1283)，南宋末爱国诗人，抗元名臣，字宋瑞，号文山。宝祐四年(1256)进士第一。咸淳九年(1273)，文天祥被起用为荆湖南路提刑，顺便拜见了原丞相江万里。江万里认为文天祥的志节超过常人。翌年，文天祥改任赣州知州。

德祐元年(1275)，长江上游告急，宋廷急诏天下兵马勤王。文天祥捧着诏书大哭，随后发动郡中豪杰，聚集了民众万人。朝廷知道此事后，要求文天祥赴京入卫。他的好友劝阻他，文天祥说："大宋抚养臣民三百多年，如今国家有难，却无人愿入关勤王。我感到非常遗憾，甚至想要以身殉国，但愿天下有一听到消息就马上行动的忠臣义士。"他又倾尽家财充作军费，招勤王兵至5万人，入卫临安。次年，朝廷派文天祥到元军军营求和，他跟元朝丞相伯颜据理力争，伯颜大怒，将他扣押，文天祥在被押解北上途中逃出元营。他重整旗鼓，继续抗元，终因寡不敌众，再加上叛徒告密，于1278年战败被俘。元军让他写信去招降南宋将领张世杰，被他严词拒绝。元军坚持向他索要劝降信，文天祥就将自己的诗作《过零丁洋》交给元军，诗中的“人生自古谁无死，留取丹心照汗青”后来被千古传诵。

祥兴二年（1279），厓山被攻破后，文天祥被押送到大都，在那里待了三年。元世祖忽必烈知道文天祥始终不屈服，就对他说：“你有什么愿望？”文天祥回答说：“我受大宋恩泽，担任宰相，怎能侍奉他主呢？只愿能赐我一死。”忽必烈最初不忍心杀文天祥，后在别人的劝说下终于赐死文天祥。不久，忽必烈又后悔了，可是此时文天祥已经死了。据说，文天祥临刑时非常镇定，对行刑的吏卒说：“我的事业完成了。”于是在向南方叩拜后从容就义。几天后，他的妻子欧阳氏前去收尸，文天祥的面容同活着的时候一样。他衣带中还有赞文说：“孔曰成仁，孟曰取义，惟其义尽，所以仁至。读圣贤书，所学何事？而今而后，庶几无愧。”

文天祥虽然身死，但他以身殉国的民族气节和忠贞不贰的爱国精神，却一直激励着后世无数的爱国人士。

勤勉:莅事以勤,尽职尽责

勤政是执政者的重要官德,是德政的基础,也是廉政的前提。同时,“勤能补拙”“业精于勤”,只要勤奋一些,不好干的工作也能干好。无论哪朝哪代,百姓都期盼官员恪尽职守,勤于政事。如果官员在其位不谋其政,即便没有贪赃枉法,没有残害百姓,这个官职也会形同虚设,并且还需要人民来奉养,这样的官员还不如没有的好。历史上,除了国家经历过长年战争创伤而甫定者,人民需要休养生息,执政者无须太多干预民生外,那些昌明时代为政良好的执政者,无一不是勤政者。如明成祖永乐帝、清世宗雍正帝都是勤政皇帝,他们都把王朝带入了盛世。

(一)

功崇惟志,业广惟勤。(《尚书·周官》)

【译文】

凡是功劳显著的,都是由于他富有志向;业绩广大的,都是由于他勤于政务。

【点评】

周成王征伐淮夷凯旋,然后总结了周朝成就王业的经验,便有了对百官的训诫。他勉励百官要勤于政务,恪尽职守。还强调为政的法则,劝百官都务必遵守。由于成王的倡导，百官又力行王训，社会安定，民风和善，周朝遂进入“成康之治”的盛世。

（二）

嘒彼小星，三五在东。肃肃宵征，夙夜在公。（《诗经·召南·小星》）

【译文】

星星虽小闪微光，三五闪耀在东方。匆忙赶路夜不停，早晚都在为公忙。

【点评】

《小星》刻画了一个从早到晚为公事忙碌的社会基层官吏形象。它将忙碌的普通小吏比作天上稀疏的闪着微光的星星，实在不起眼，但他们即便到了深夜还要一丝不苟地办公。后世经常以此句勉励执政者要勤政为公，毕竟正是这些社会上并不起眼的基层官吏的努力工作，才能让社会变得安定、和谐。

（三）

子张问政。子曰：“居之无倦，行之以忠。”（《论语·颜渊》）

【译文】

子张问如何治理政事。孔子说：“居于官位不懈怠，执行君令要忠实。”

【点评】

在这里，孔子谈到了“敬业”与“忠诚”两个问题。“居之无倦，行之以忠”要求人们在生活和工作中，兢兢业业，脚踏实地，努力追求，忠于职守。“无倦”“忠行”，是为人处世的基本要求。它还包含一种使命感和道德责任感，是成就事业的重要条件。

（四）

又孰不知勤吾职分之当然也，聪明有限，事机无穷，竭一人之精神，以扼众人之奸诡，已非易事。况有愚暗无庸者，一切听可否于吏手；苟且取具者，率多黜智能于不用；甚则衔杯嗜酒，吹竹弹丝，图享宦游之乐，遂至狱讼经年而不决，是非易位而不知，词诉愈多，事机愈伙，卒不免于司败之见诘。纵有锐意自强者，几何人哉？自其酬应日繁，心力日耗，方虞税驾息肩之无其所，何幸吏牍已备，俛首涉笔，终亦归于苟道而已。（南宋·胡太初《昼帘绪论·尽己》）

【译文】

还有谁不知勤奋是我职责分内所应做的，可是我的智慧有限，但事情的变机却是无穷的，穷尽一个人的精神，来遏止众人的奸恶和诡诈，已经不是一件简单事了。况且有些愚昧、昏庸的官僚，一切事务都听凭衙役、胥吏的摆布；而姑且能备办事务的官僚，又大都丢下智慧和能力而不用；还有甚者拿着酒杯酗酒无度，听着管弦之乐，贪享做官的欢乐，以致很多诉讼官司拖延一年也不能解决，黑白对错颠倒了也不得而知，诉状文书越积越多，政事也越积越多，最终不免于败露而被上司查问。即便官僚中有锐意进取的好强者，那才能有几人啊？自从那些应酬日益增多，官僚的心力每天都在被耗费，方才担忧没地方去卸下重担休息一下，幸而衙役已将公文准备齐全，就埋头签下名字，最终也不过走上苟且之路。

【点评】

宋代的官制较之前朝有重大变化，地方职官只有行政权而无军权，也无法世袭，他们的主要职责就仅限于审理民事案件和征缴税赋等事务。官僚们没有了唐代藩镇割据的雄心，但同时也丧失了为一方百姓勤奋处理政务的责任心。正如文中所述，大部分官僚昏庸而只听由衙役摆布，自己则过起了花天酒地的安乐生活，却积攒下越来越多的未完成的事务。所以说，合格的为官者必须清心治政，克服懒散的工作作风，一心为公，勤于政务，这样才能使内心安宁。

（五）

古之为政者，身任其劳，而贻百姓以安。今之为政者，身享其安，而贻百姓以劳。己劳则民逸，己逸则民劳，此必然之理也。惮一己之劳，而使阖境之民不靖，仁人君子其忍尔乎？昔子路问政，而圣人告以“先之劳之，无倦”。呜呼，此真万世为政之格言也欤！（元·张养浩《牧民忠告·拜命》）

【译文】

古代的从政者，都是亲身担负处理政务的劳苦，来惠赠百姓安定。如今的从政者，则是亲身享受安逸，却遗留给百姓劳苦。自身辛劳，百姓就安逸，自身安逸，百姓就辛劳，这是必然之理。如果担心自己辛劳，就让全境所有的人民谁都不得安定，这种事难道是仁德的君子所忍心看到的吗？古时，子路曾问孔子处理政务的事情，孔子告诉他要“先于百姓率先去做，不畏辛苦地做，不要倦怠”。哎呀！这真是千秋万代从政的至理格言啊！

【点评】

张养浩在此引用孔子的话，强调为政者必须先百姓之劳而劳，为政永无倦怠。为政者只能以公仆的形象服务于民；否则让民众反过来服务为政者，就等于是在奉养贪官，贪官敛财而不勤于政务，百姓就身心劳累而生怨恨。长此以往，社会就会大乱，所以为政者不勤政，还不如没有的好。

（六）

郑又言此媪未至以前，有一官公服昂然入，自称所至但饮一杯水，今无愧鬼神。王哂曰：“设官以治民，下至驿丞闸官，皆有利弊之当理，但不要钱即为好官，植木偶于堂，并水不饮，不更胜公乎？”官又辩曰：“某虽无功亦无罪。”王曰：“公一身处处求自全，某狱某狱避嫌疑而不言，非负民乎？某事某事畏烦重而不举，非负国乎？三载考绩之谓何，无功即有罪矣。”官大踧踖，锋棱顿减。（清·纪昀《阅微草堂笔记》）

【译文】

郑苏仙又说，在老妇人来之前，有一个穿官服的人趾高气扬地进了大殿，自称一生为官，所到之处只喝老百姓的一杯水，无愧鬼神。阎王爷讥笑他说：“设立官制是为了治理国家、造福百姓。下到管理驿站、闸门的小官，都要按着理法来权衡利弊。如果不贪钱就是好官，那么在公堂中设一木偶，连水都不用喝，岂不更胜于你?”这官听了又辩解道：“我虽然没有功劳，但也没有罪啊!”阎王爷又说：“你一生处处求得的是保全自己。有个案子，你为了避开嫌疑没敢说话，这不是有负于民吗？有件事情，你怕麻烦而没有上报朝廷，这不是有负于国吗？对为官者，三年要考察一次政绩，为什么？无功就是罪啊!”当官的大吃一惊，非常不安，凌厉的气势顿时减弱了。

【点评】

这是一则阎王在阴间审判官僚的寓言故事。执政者在其位谋其政，有位当有为，这是国家设立官僚的初衷。但在历史上，总有一些官员占着位置不干事，拿着俸禄混日子，出勤不出力、出力不出绩，遇到矛盾就逃避，见了困难就低头，什么事也干不成，什么问题都解决不了，像木偶一样成了“摆设”。这样的官员，表面上看风险不沾边、问题不沾身，实则庸碌无为、失职失责，误国误民。

（七）

吕氏当官三字，曰清、曰慎、曰勤，所谓三岁孩子道得，八十岁老翁做不尽者。尝与同官侍王蓬心先生，论三事次第。先生以清为本，同官唯唯。余谨对曰：“殆非勤不能。”先生曰：“何故？”则又对曰：“兢兢焉，守绝一尘矣。而宴起昼寝，以至示期常改，审案不结，判稿迟留，批词濡滞，前后左右之人，皆足招摇滋事，势必不清，何慎之有？”先生曰：“诚知君之得力有自也。”（清·汪辉祖《学治臆说》）

【译文】

吕本中提出了当官要做到三个字：清、慎、勤。这三字就是所说的“三岁小孩都能讲出，但连八十岁的老人都做不完满”的。我曾与一个同官者一起侍奉王蓬心先生，议论这三件事的次序。王蓬心将“清”作为根本，于是同官者也随声应和。我恭谨地回答：“我看最根本的大概非‘勤’字莫属。”王蓬心先生问：“为何呢？”我便又回答说：“为官要战战兢兢，恪守操行，不沾染一丝尘俗铜臭。但每天起床很晚，白天又睡，以至于要经常改变宣政日期，审理案件不能结案，宣判书拟写迟缓，文书的批写延迟拖沓，前后左右的手下，全都尽情招摇生事，这样的话，官僚就做不到‘清’，还能做到‘慎’吗？”王蓬心先生说：“我现在才知道您办公得力是有原因的。”

【点评】

作者认为，对于为官者来说，在清廉、谨慎、勤政三者中，勤政是最重要的。因为不勤于政事的官员，他积攒的事务会越来越多，周围的人也会招摇生事，那么所谓的清廉、谨慎也就谈不上了。历朝历代都强调官员要廉洁、谨慎，但对勤政一项却往往忽略，结果导致大量的庸官、冗官出现，这些人不仅尸位素餐，不能为百姓做实事、做好事，反而搞乱了官僚体系，败坏了社会风气。

陈幼学勤政惠民

明朝有个深受百姓爱戴的官员名叫陈幼学，他于万历十七年(1589)登进士科，旋即被授予河南确山县知县的官职。他在确山县勤政爱民，致力于施惠百姓。为了保障民生，陈幼学将两千石粮食积蓄在仓库，做灾年、荒年之用。又开垦荒地八百余顷，分发给贫民五百余头耕牛，分发给贫妇八百余辆纺车。他为全县修建房屋一千二百余间，用于安置贫苦无着落的人。又修建公用房八十间，供给县衙的小吏们居住。他又用节约下来的六百多两办公费用，来代缴征收不上来的赋税。陈幼学还为确山县栽种桑树、榆树等三万八千余株，开凿河道、水渠一百九十八道。这些有力的措施促进了确山县经济生产的发展。后来，因陈幼学将两大高官的亲属依法治罪，汝宁知府丘度担心陈幼学会因得罪高官而招来灾祸，就向巡抚和按察使奏言，将其调到中牟县。

中牟县到秋收时节，有蝗虫遮天蔽日，大量啃食粮食。陈幼学组织民众捕杀蝗虫达一千三百余石，成功遏制了中牟县的蝗灾。中牟县本来是夯土城墙，不但低矮，且有多处坍塌。陈幼学便为当地饥民分发粮食，让他们重新修补城墙，百姓也不认为这是徭役。中牟县南的一片荒地草木丰茂，难以开垦。陈幼学就下令有诉讼的百姓一定要缴纳十斤的野草。没过多久，这些人就把县南的荒草全都拔光，县南一下出现了数百顷的肥沃良田，这些良田全被分给县民。县中有一片沼泽地，常年有积水，占据了二十余里的肥沃土地。陈幼学就带人疏浚河道五十七条，挖通水渠一百三十九条，终于将泽中积水都引入小清河，于是县民又获得了大片良田。因大庄各村多水，陈幼学为他们筑十三道堤坝防备水患。他又给予贫苦农民耕牛，给予贫苦的妇女纺织工具，数量是原确山县分发的两倍。陈幼学在确山、中牟二县为官期间，在为百姓解决就业、扩大农田面积、公正判案、减轻徭役、节省开支等方面政绩显著，实为勤政的良吏。

简政:政简刑清,宽则得众

在中国古代,越是乱世,刑罚、律令就越是烦琐,百姓无所措其手足,犯罪的人和行为不端的人就会增多,社会就更加混乱,这就形成了一个恶性循环。而在太平盛世,往往政务简化而宽缓,百姓也就容易遵从,犯罪率反而随之降低,国家也就安定了,这就形成了一个良性循环。国家太平无事,百姓安居乐业,各项事业平稳运行,这样的国家一定能走向富强之路。

(一)

仲弓问子桑伯子。子曰:“可也,简。”仲弓曰:“居敬而行简,以临其民,不亦可乎?居简而行简,无乃大简乎?”子曰:“雍之言然。”(《论语·雍也》)

【译文】

仲弓问孔子对子桑伯子的看法。孔子说:“这个人还行,办事简要而不烦琐。”仲弓说:“居心恭敬严肃而行事简要,像这样来治理百姓,不是很好吗?但如果一味追求简单,而办事也很简要,这岂不是太简单了吗?”孔子说:“冉雍,你的话说得很对。”

【点评】

居敬，指的是一种恭敬庄重的态度。行简，指推行政事力求简洁而不烦琐。居简，指自身的态度简单。仲弓的意思是：处理政事可以简而不繁，但态度一定要庄重、恭敬，严肃对待，这样的“简”是值得称道的。但是为了简单而简单，纯粹是为了摆脱烦琐的事务，对政事没有庄重严肃的态度，这样的“简”是不值得称道的，也是处理不好政事的。

（二）

故国必有礼信亲爱之义，则可以饥易饱。国必有孝慈廉耻之俗，则可以死易生。古者率民，必先礼信而后爵禄，先廉耻而后刑罚，先亲爱而后律其身。（《尉缭子·战威》）

【译文】

所以说一个国家必须有崇礼守信相亲相爱的风气，民众才能忍饥挨饿不怕困难。国家必须有孝顺慈爱、廉洁知耻的习俗，民众才能赴汤蹈火，不怕牺牲。古代君王治理民众，必须先用礼义诚信感化他们，再用爵禄激励他们；先以廉耻教育他们，再用刑罚威慑他们；先用仁爱抚慰他们，再用法律约束他们。

【点评】

一个真正的强国，一定会在平时以礼义廉耻来教化民众，并用仁爱来关怀他们，使他们相亲相爱，律己而守法，才能为了国家利益而赴汤蹈火、万死不辞。否则，民众道德缺失，没有正确的价值观念，唯利是图，就只能用丰厚的奖赏和爵禄来收买，用严厉的刑罚和律令来约束和驱使，这样的国家，即使拥有强大的军队，也往往只是外强中干，难以持久，所以说秦朝二世亡、汉兴四百年，是有深刻的政治原因的。

（三）

是故明君之行赏也，暖乎如时雨，百姓利其泽；其行罚也，畏乎如雷霆，神圣不能解也。故明君无偷赏，无赦罚。赏偷，则功臣憧其业；赦罚，则奸臣易为非。是故诚有功，则虽疏贱必赏；诚有过，则虽近爱必诛。疏贱必赏，近爱必诛，则疏贱者不怠，而近爱者不骄也。（《韩非子·主道》）

【译文】

所以说贤明的君主在论功行赏时，温暖得像及时雨，百姓都能享受到他的恩泽；而当行使刑罚时，使人畏惧得就像听到雷霆巨响，就算是神明也不能解脱。所以贤明的君主不会忽略赏赐，也不会免除刑罚。赏赐被忽略，功臣就会对事业怠慢；刑罚被免除，奸臣就容易为非作歹。所以倘若真的有功勋，即便关系疏远、地位卑贱的人也一定得到赏赐。倘若真的有罪过，即便是关系亲近、自己偏爱的人也一定要受到惩罚。疏远卑贱的人一定受赏，亲近偏爱的人一定受罚，那么疏远卑贱的人就不会懈怠，而亲近偏爱的人也不会骄狂了。

【点评】

执政者要学会操控“赏”与“罚”这两个权柄，能够做到赏罚分明、政策透明、一视同仁，让各种类型、各个阶层的人都能为己所用。既无人目空一切，也无人做事倦怠，让所有人都能很清晰地避开刑罚，为了获得奖赏而去努力工作，这样的手段简单而高效。

（四）

夫道莫大于无为，得莫大于谨敬。何以言之？昔虞舜治天下弹五弦之琴，歌《南风》之诗，寂若无治国之意，漠若无忧民之心，然天下治。周公制作礼乐，郊天地，望山川，师旅不设，刑格法悬，而四海之内奉供来臻，越裳之君重译来朝，故无为者乃有为也。……是以君子尚宽舒以苞身，行中和以统远。（西汉·陆贾《新语·无为》）

【译文】

治国的方法莫过于无为之道了，君主的恰当做法也莫过于谨慎恭敬了。为何这样说呢?古时候,虞舜治理天下,弹奏着五弦琴,唱着《南风》歌,安静得就像无意去治国一样,冷漠得就像没有担心人民疾苦一样,就这样把天下治理得井井有条。周公制礼作乐,在郊外祭祀天地,到荒野望祭山川。他不建立军队,将刑具、法典收藏起来不用,整个天下的诸侯就都云集来此纳贡,南方的越人君长通过多重语言翻译,了解周朝而来朝见。因此,所谓的“无为”之道其实是让天下有作为。……所以君子为政,崇尚宽松舒缓的方式来修身,推行中庸之道来统治远方诸侯。

【点评】

陆贾主张治国要像虞舜那样,不要使用太多法度来干预百姓生活。法律烦琐了,人民就会迷惑,反倒不会遵守法律;发动的战争频繁了,人民疲惫不堪,也会造成民变。如西汉末年,王莽取代汉朝而建立新莽政权,他推行了一系列烦琐的币制改革、土地改革,又修改行政地名,改变民族政策,使得社会管理一片混乱,得罪了天下所有的富人和穷人,于是各路义军纷纷涌现,很快就灭亡了新莽政权。

(五)

齐宣王问尹文曰:“人君之事何如?”尹文对曰:“人君之事,无为而能容下。夫事寡易从,法省易因,故民不以政获罪也。大道容众,大德容下,圣人寡为而天下理。”(西汉·刘向《说苑·君道》)

【译文】

齐宣王问尹文说:“怎样才能当好一个君主?”尹文答道:“要做好君主之事,就要简化政务,并能容忍下属。政事简单明了,人民就更容易遵从;法规简省,人民就更容易遵循,所以人民不会因为触犯政令而犯罪。大道宽阔,就能容纳众人;美德博大,就能容纳部属;圣人很少去干涉天下政事,天下反而被管理得井井有条。”

【点评】

在这里,尹文所表达的“政简刑清”的观点,与孔子的“居敬行简”

的思想如出一辙。政事过于繁杂，百姓就无所适从；反之，政简刑清可以提高办事效率，百姓也更容易遵从法令。《乐府诗集》中有一首《击壤歌》，歌颂了帝尧时天下大同，百姓无事，八九十岁的老人敲击土块歌唱自己的幸福生活。这是因为帝尧实行仁政，政简刑清，天下太平无事，人们甚至都感觉不到政府的存在，这就是社会治理达到的最理想境界。

（六）

孝惠高后之时，海内得离战国之苦，君臣俱欲无为，故惠帝拱己，高后女主制政，不出房闼，而天下晏然，刑罚罕用，民务稼穑，衣食滋殖。（《汉书·高后纪》）

【译文】

汉孝惠帝、高后的时候，天下得以脱离了战乱之苦，君臣都希望无为而治，所以惠帝只是垂下手便能安定天下。高后以女子的身份主持朝政，不用走出宫门就能实现天下安泰，连刑罚也很少用到，人民安心从事耕种，所以实现了衣食丰足。

【点评】

这是班固对吕后施政效果的极大肯定。西汉王朝建立后，刘邦、刘盈和吕后等汉初统治者都吸取了秦朝二世而亡的教训，以“黄老之术”为基本的治国方针，无为而治，与民休息，尽可能地少做干预人民正常生产生活的事情，使得汉初政简刑清，社会生产获得较大发展，为后来的“文景之治”奠定了良好的基础。

（七）

赵公辅知新城，政尚宽和，不用鞭扑，推诚劳来，民乐从令，小吏有过，亦未常谴责。或误犯禁者，但令改而已。民有罪，必悔谕再三，然后罚之。在邑数年，无赫赫名，百姓亲爱，如慈父母。代

去，攀车卧留不忍舍。（清·金庸斋《居官必览·操持》）

【译文】

赵公辅在新城做知县，其为政崇尚宽缓中和，对嫌犯不采用鞭子和木杖抽打的方法，他待人推心置腹，用恩惠召唤别人，百姓都乐意听从他的政令。衙役胥吏偶有错误，他也不曾训斥。有的胥吏不小心犯了禁令，他只是令那人改过而已。百姓中有人犯罪，他一定要先反复进行教诲，然后再予以惩罚。他在新城任职的几年里，没有显赫的功名，但百姓却十分爱戴他，视之如慈祥的父母。赵公辅被调任离开新城时，百姓们竟然都扒着车，躺在车下而挽留他，不舍得让他离去。

【点评】

县官赵公辅对待百姓仁爱，对待属下也很宽厚。他对待犯错或犯罪的人用教诲的方法使他们改邪归正，所以人们都愿意为他所用。其实，除了顽民以外，只要没有给他人和社会造成无可挽回的损失，那么犯人通过受到至诚的严厉教诲，使自己有了羞耻心，内心深刻体察到了自己的错误，也就无须治罪了，这样也就能做到刑罚不用而社会大治。

政简刑清的“文景之治”

“文景之治”是中国古代史上一个比较重要的治世阶段。这个阶段跨越了汉文帝和汉景帝两个时期，尽管有了西汉初年几位统治者的励精图治，但汉文帝执政初年的社会经济仍然非常薄弱，所以他继续推行无为而治的“黄老之术”，采取轻徭薄赋、与民休息的政策。作为最高统治者，汉文帝励精图治，极力提倡节俭。他在位期间，国家财政开支有所节制和缩减，贵族官僚也不敢奢侈无度和肆意搜刮百姓。这一时期，农业生产获得了很大发展，农民的负担得以减轻，对农民征收的土地税由原来的“十五税一”变为“三十税一”，这样低的田赋税率，也让文景时期成为整个封建社会中赋税水平最低的一个时期。

文景时期也特别重视国家的制度建设,特别是法律制度建设,实行了“轻刑慎罚”的政策,废除了一些苛酷的刑罚和罪名,如肉刑、连坐、妖言罪、诽谤罪等,在一定程度上减轻了封建王朝对人民的压迫。连坐刑罚的废除,让百姓不再人人自危,也让百姓的日常生活有了很多自由的空间,有利于保持社会的和谐安定。废除诽谤罪和妖言罪,则可以营造出宽松的政治环境,朝中大臣更敢于据实直言,痛陈社会积弊,客观上有利于国家政治制度的改良。

文、景二帝还非常重视吏治建设,推行循吏政治,使官吏的施政措施做到了上合国法、下顺民意,且这一时期选拔的官吏大多性情宽厚,断狱从轻,这也使吏治政风向好的方向转变。

正是由于统治者政简刑清,无为而治,文景时期才出现了政治清明、经济发展、社会稳定、百姓安定、人心向化等诸多向好因素,成为颇受后世称道的治世典范,也为武帝时期王朝的全面鼎盛,奠定了坚实的基础。

和合：以和为贵，和而不同

“以和为贵”是中国文化的根本特征和基本价值取向。古人特别重视和谐，把“和”视为事物之本和天地法则，如孔子把“和”作为人文精神的核心，作为儒家倡导的伦理、政治和社会原则，作为一种有效的协调关系、规范和治理国家的重要手段。执政者应充分认识到“和”的重要性，弘扬“和为贵”的优良传统，坚持以“和”共事，以“和”成事，努力营造和谐的社会环境。

（一）

夫“大人”者，与天地合其德，与日月合其明，与四时合其序，与鬼神合其吉凶。先天而天弗违，后天而奉天时。（《周易·乾卦·文言》）

【译文】

《乾卦》所说的“大人”，是要与天地的运行法则相契合，要与日月之光相契合，要与四季的时序相契合，要与鬼神的吉凶之兆相契合。对于先于天时行事的，天不会违背人意。对于后于天时行事的，人们就奉行天时。

【点评】

这段话表达的是“天人合一”的思想，也是君子德行的理想境界。君子立德有“四合”：与天地合“德”，是要向天地学习进取包容的精神；与日月合“明”，是要在做事情时光明磊落、知错能改；与四时合“序”，是要人们不违背天时（大自然）的运行规律；与鬼神合“吉凶”，是让人们有敬畏之心，要懂得适时地收敛。做到了这几个方面，也就可以说达到了“天人合一”的境界。

（二）

亲仁善邻，国之宝也。（《左传·隐公六年》）

【译文】

亲近仁义的邦国，友善地对待邻邦，是我们治国的法宝。

【点评】

早在先秦时期，明智的统治者就认为，邦交贵在和合，表现为与邻邦友好相处的博大情怀。诸侯通过朝聘往来加强联络，形成了最初的华夏共同体。营造一个良好的国际环境，也有助于人民生活安定幸福，而且发展“睦邻友好”，也能在国家发生灾害期间得到友邦无私的援助。“亲仁善邻”客观上还沟通了与诸国的联系，致力于激发各国之间的凝聚力和强大的创造力，以创造出更加丰硕的文明成果。

（三）

有子曰：“礼之用，和为贵。先王之道，斯为美。小大由之，有所不行。知和而和，不以礼节之，亦不可行也。”（《论语·学而》）

【译文】

孔子的学生有若说：“典章制度和道德规范的应用，要以中和为最可贵。古代圣王的治国之道，可贵的地方就在这里。无论大事小事，都以此为原则。假如有行不通的地方，只追求片面的调和，而不以礼去节制，也是不可行的。”

【点评】

在这句话中，有子指出了礼的运用是“以和为贵”，充分强调了“和”的重要性，说明了“和”是“礼”的最高表现形式，“礼”推行的效果是以“和”为重要评判标准的。同时，他又指出不能为了和谐而和谐，而应以“礼”来节制和谐，反对无原则的调和。

（四）

子曰：“君子和而不同，小人同而不和。”（《论语·子路》）

【译文】

孔子说：“君子讲求和谐而不同流合污，小人只求完全一致，而不讲求和谐。”

【点评】

孔子还说过一句类似的话：“君子周而不比，小人比而不周。”（《论语·为政》）“周而不比”“和而不同”是孔子衡量一个人道德修养高低的重要标准，他认为君子都是心胸坦荡的人，他们能存小异而求大同，以宏观的眼光审视事物，注重对长远利益的考量，能从道义的角度出发处理世事，进而与众人和睦相处。而小人则大都心胸狭窄，只会对立场一致的人表现出明显的喜好，会恶意攻击与他们意见相左的人，所以大多不能与众人和谐相处。

（五）

上下同欲者胜。（《孙子兵法·谋攻》）

【译文】

全军将士同心协力，就能夺取战争的胜利。

【点评】

“上下同欲”是军队取胜的法宝，如周武王在牧野之战中以少胜多、以弱胜强地打败商纣王的军队，靠的就是君王有道、上下同心。对于任何一个团队来说，如果能够营造出良好的合作氛围，使成员之间上下一心、团结合作，为实现共同目标而不懈努力，那么这个团队就会变得越来越兴旺。反之，如果成员之间各怀心思，在危机面前只考虑自己的利益，就会日益消解团队的凝聚力和协作关系，这个团队也就难以维系了。

（六）

郭子仪初与李光弼俱为安思顺牙将，不相能，虽同席不交谈。后子仪代思顺为将，光弼恐见诛，乃跪请曰："死所甘心，但乞贷妻子。"子仪趋堂下，握其手曰："今国乱主辱，非公不能定，仆岂敢怀私忿哉！"因涕泣勉以忠义，即荐之为节度使，遂同破贼，无纤毫猜忌。（《资治通鉴·唐纪》）

【译文】

起初，郭子仪和李光弼同为安思顺的部将，彼此不和，哪怕同坐一席也不交谈。后来郭子仪接任安思顺做了主将，李光弼怕被郭子仪杀掉，就向郭子仪跪请说："我甘愿一死，只希望您饶恕我的妻子和儿子。"郭子仪快步走到堂下，握住李光弼的手说："现在国家动乱，主上受辱。没有您，国家就不能安定，我怎敢怀私心泄私愤呢？"于是含泪勉励李光弼为国尽忠，随后又推荐他做了节度使。此后，二人共同破贼，不再有丝毫猜疑了。

【点评】

郭子仪和李光弼曾同为唐朝朔方节度使安思顺的部将，他们对彼此的成见太深，长久失和，却在国家危急之时放下个人恩怨，团结为国，在平叛过程中立下赫赫战功，挽救大唐帝国于危亡之境，这种精神非常值得赞赏。由此可见，"以和为贵"是值得我们始终秉持的理念。如果团队成员间存在个人矛盾，难以同心协力，就需要个人能以大局为重，学会包容、妥协和付出，将个人恩怨让位于团队利益。俗话说"皮之不存，毛将焉附”，一旦团队的整体利益受损，作为团队一分子的个人也就难以幸免了，更别说满足个人的利益诉求了。

（七）

能和其心以待人，则不和者自化尔。（《圣谕广训》）

【译文】

能用宽和的心对待别人，那么与自己不和睦的人也自然会被感化。

【点评】

这句话说明了“以和为贵”的重要性。保持“以和为贵”的态度，就能逐渐消弭与他人的嫌隙，感化对方。比如，唐朝人娄师德就以自己的宽和，感化了一直对他有成见的狄仁杰。武则天时期，娄师德与狄仁杰同朝为相，因狄仁杰认为娄师德与自己性格差异较大，就一直对他有成见，也很排斥他。后来，武则天告诉狄仁杰，正是娄师德连写了十几篇奏章推荐他，才引起了她的重视，他也才会得到自己的赏识和重用。狄仁杰又想到往日与娄师德碰面时的情景，娄师德也从不面带傲色，一直以宽和的态度包容他，因此狄仁杰对自己往日的做法深感羞愧。

宽和的北宋名相韩琦

韩琦是北宋时期三朝名相，字稚圭，自号赣叟，历经北宋仁宗、英宗、神宗三朝，深受三位皇帝的信任和重用。俗话说“宰相肚里能撑船”，韩琦身为宰相，为人非常大度，有容人之量。他一生德行昭著，无论是对待皇帝还是下属，都始终践行“宽和”的理念。

在处理英宗和太后的关系上，韩琦劝说英宗宽和待人，妥善化解了英宗与太后之间的矛盾。英宗继位之初便身患疾病，由曹太后垂帘听政。因英宗并非曹太后亲生，即位后又想有所作为，而曹太后思想较为保守，再加上一些太监从中挑拨，致使两宫生隙。韩琦便一面劝说太后，一面安慰英宗。英宗认为太后对自己无恩，韩琦对他说：“自古以来圣明的帝王不在少数，但唯有舜被称为大孝子，难道是其他的人全都不孝顺吗？父母慈爱而儿子孝顺，这是正常之事，不值得称道。只有父母不慈爱但儿子仍很孝顺的，才是值得称道的。太后对您的担心，只是怕陛下主张的事情不能实现罢了，父母怎么会有不慈爱的呢！”英宗深受启发，自此不再怨恨太后，两宫的关系也渐趋和好。不久，宋英宗病愈，曹太后撤帘还政，将朝堂上的最高权力交还给了英宗。

对于下属，韩琦更是宽和大度，他身处高位，却仍能对部下的过失多次宽恕，让人十分佩服，部下也因此对他感恩不尽，真心尊重。古时候，人们很注重自己的“须眉”，曾有一个士兵在为韩琦送灯烛的时候，不小心烧了韩琦的胡须，韩琦只是用袖子拂灭了烧着的胡须，并未动怒，也没有停下手中的工作。后来，他发现为自己送灯烛的士兵被换成了一个新面孔，担心那个士兵的上司会责打他，就急忙让人把那个士兵找来，并对管事的人说：“不必换人了，他现在已经懂得怎么拿蜡烛了。”

尽管韩琦宽和待人，但也不是不顾原则和底线的。宋仁宗景祐五年，全国灾情频发，百姓流离失所，苦不堪言，宰相王随、陈尧佐与参知政事韩亿、石中立等人却依然通宵达旦地纵情享乐，在赈灾问题上毫无作为。眼见这种状况，韩琦忧心如焚，他连连上疏宋仁宗，遍数四人庸碌无能、尸位素餐的种种表现，迫使宋仁宗罢免了这四个大臣的职位，换上了更为得力、更有作为的臣子，推出措施赈济灾民。

韩琦一生功勋卓著，行善无数，使当时连自己的老师都不佩服的欧阳修，对韩琦宽和待人的胸怀也深深折服，感叹说：“累百欧阳修，何敢望韩公。”

尚贤:任人唯贤,唯才是举

无论是创业还是守业,都离不开人才。虽说汇聚人才需要海纳百川的精神,但水多容易泛滥,人才竞争过于激烈,容易出现鱼目混珠、良莠不齐的情况。因此,执政者必须善于发现人才,举荐人才,团结人才,使用人才,才能推动事业不断向前发展。在中国的历史长河中,有一个极为重要的用人原则,那就是任人唯贤,要求执政者在选拔人才时,不要考虑人才的身份、背景以及与自己的关系,敢用有缺点的人才,并能做到用人不疑,疑人不用。正因为有这样的用人原则,西汉刘敬、三国诸葛亮等贤能之士才能够"朝为田舍郎,暮登天子堂"。

(一)

仲弓为季氏宰,问政。子曰:"先有司,赦小过,举贤才。"曰:"焉知贤才而举之?"曰:"举尔所知。尔所不知,人其舍诸?"(《论语·子路》)

【译文】

仲弓做了季氏的家臣,问怎样管理政事。孔子说:"先责成手下负责具体事务的官吏,让他们各负其责,原谅他们的小过错,选拔贤才来任职。"仲弓又问:"怎样识别贤才而把他们选拔出来呢?"孔子说:"选拔你所知道的贤才,至于你不知道的贤才,别人难道还会埋没他们吗?"

【点评】

治国理政离不开人才，把国家治理好，更是离不开优秀的人才，所以孔子认为“举贤才”，让他们各负其责，是执政者首先应该考虑的问题。孔子还提出了“赦小过”的思想，即对人才不要求全责备、要求过高，正所谓“金无足赤，人无完人”，只要人才能够胜任这个位置，就应该受到重用，这种思想在当时是非常难得的。

（二）

子贡问曰：“乡人皆好之，何如？”子曰：“未可也。”“乡人皆恶之，何如？”子曰：“未可也。不如乡人之善者好之，其不善者恶之。”（《论语·子路》）

【译文】

子贡问孔子说：“全乡人都喜欢、称赞他，这个人怎么样?”孔子说：“这还不能肯定。”子贡又问孔子说：“全乡人都厌恶、憎恨他，这个人怎么样?”孔子说：“这也是不能肯定的。最好的人是全乡的好人都喜欢他，全乡的坏人都厌恶他。”

【点评】

关于识人，孔子提出了一个原则，即不以众人的好恶为依据，而应以善恶为标准。众人的意见有时也是值得参考的，但绝不是最终的或唯一的依据。对此，孔子在《论语·卫灵公》中还有这样的总结：“众恶之，必察焉；众好之，必察焉。”这种思想主要包含两个方面，一是不要人云亦云，以众人的是非标准决定自己的是非判断评价，而要经过自己大脑的独立思考，经过自己理性的判断，然后再做出结论。二是一个人的好与坏不是绝对的，在不同的地点，不同人的心中，往往会有差别。

（三）

哀公问曰：“何为则民服？”孔子对曰：“举直错诸枉，则民

服；举枉错诸直，则民不服。”（《论语·为政》）

【译文】

鲁哀公问："怎样才能使百姓服从呢？"孔子回答说："把正直无私的人提拔起来，把邪恶不正的人置于一旁，老百姓就会服从了；把邪恶不正的人提拔起来，把正直无私的人置于一旁，老百姓就不会服从统治了。"

【点评】

“亲贤臣，远小人”是孔子一贯的主张。在选用人才的问题上仍是如此。荐举贤才、选贤用能，这是孔子德治思想的重要组成部分。在宗法制度下的用人标准是唯亲是举，非亲非故者即使再有才干，也不会被重用。孔子“举直错诸枉”的用人思想在当时可以说是一大进步，在今天依旧不失其珍贵的价值。

（四）

官无常贵，而民无终贱。有能则举之，无能则下之。（《墨子·尚贤上》）

【译文】

为官者不会永远地位显贵，平民也不会永远地位低贱。凡是有能耐的人就会得到举荐推崇，没有能耐的人就会被贬到更低的位置上。

【点评】

“尚贤”是墨子的重要思想。墨子认为国家“不得富而得贫，不得众而得寡，不得治而得乱”的根本原因，在于“王公大人为政于国家者，不能以尚贤事能为政”。因此，他认为执政者的当务之急在于发现并聚拢“众贤”。墨子还认为“官无常贵，而民无终贱”，主张打破人才身份上的限制，“虽在农与工肆之人，有能则举之，高予之爵，重予之禄，任之以事，断予之令”，在当时具有十分重大的进步意义。

（五）

人君无愚智贤不肖，莫不欲求忠以自为，举贤以自佐。然亡国破家相随属，而圣君治国累世而不见者，其所谓忠者不忠，而所谓贤者不贤也。怀王以不知忠臣之分，故内惑于郑袖，外欺于张仪，疏屈平而信上官大夫、令尹子兰，兵挫地削，亡其六郡，身客死于秦，为天下笑，此不知人之祸也。（《史记·屈原列传》）

【译文】

国君无论愚笨、聪明、贤明、无能，没有不想寻求忠臣来帮助自己，选拔贤才来辅佐自己的。然而国破家亡的事情接连发生，而圣明君王治理下的国家（已经）好几代人看不见了，这是因为他所认为的忠臣不是忠臣，他所认为的贤士并非贤士。楚怀王因为不知道区分忠臣，所以在内被郑袖迷惑，在外被张仪欺骗，疏远屈原而偏信上官大夫、令尹子兰，导致军队被挫败，土地被削减，失去了六郡，自己客死在秦国，被天下人耻笑，这正是不识人所酿成的祸患啊。

【点评】

很多君主都以“尚贤”自居，然而对于“贤”的定义却有着不同的标准，所举用的“贤才”也就有了不同的面貌。一般来说，王朝建立前期，政治比较清明，真正的贤才会受到重用，奸邪的人会受到贬抑，国家就会出现大治的景象。到了王朝后期，君王由于自幼长于深宫，不了解社会实情，所以往往难辨忠奸，不识良莠，致使奸佞受到重用，贤臣受到排挤，国家也逐渐走向衰亡。

（六）

桓公问于管仲曰：“吾欲使爵腐于酒，肉腐于俎，得毋害于霸乎？”管仲对曰：“此极非其贵者耳，然亦无害于霸也。”桓公曰：“何如而害霸？”管仲对曰：“不知贤，害霸；知而不用，害霸；用

而不任，害霸；任而不信，害霸；信而复使小人参之，害霸。”桓公：“善。”(西汉·刘向《说苑·尊贤》)

【译文】

齐桓公问管仲说：“我想要让酒杯将酒放坏，让肉在肉案上放臭，这不会妨害我称霸吧?”管仲回答说：“这些都是完全不需要重视的，也不会妨害称霸。”桓公又问：“那怎么样才会妨害称霸呢?”管仲回答说：“不了解贤人，会妨害称霸；了解贤人而不任用贤人，妨害称霸；任用贤人而不将其放到重要职位上，妨害称霸；将贤人委以重任而不信任他，妨害称霸；信任贤人而又让无能的小人也来干预其事，妨害争霸。”桓公说：“讲得好。”

【点评】

管仲为齐桓公列举了多个妨害君主称霸天下的情况，都跟君主用人、任贤有关。其核心思想总结起来就是知贤、用贤、重贤、信贤、独贤，可谓层层递进。历史上因“不知贤”“知而不用”“用而不任”“任而不信”“信而复使小人参之”而身败名裂、国破家亡的例子举不胜举，值得后世执政者深思。

(七)

贞观二年，太宗谓侍臣曰：“朕每夜恒思百姓间事，或至夜半不寐，惟恐都督、刺史堪养百姓以否。故于屏风上录其姓名，坐卧恒看，在官如有善事，亦具列于名下。朕居深宫之中，视听不能及远，所委者惟都督、刺史，此辈实治乱所系，尤须得人。”(《贞观政要·择官》)

【译文】

贞观二年(628)，唐太宗李世民对侍从说：“我每天晚上常想着民间的种种事情，有时直到深夜也不能安眠，唯恐都督、刺史不能养护百姓。所以在屏风上记录了他们的名字，无论安坐还是躺下都常观看。如果他们在任上做了好事，我也都将他们的名字记录下来。因为我深居宫中，所听所见不能延展很远，所能委托的耳目只有都督和刺史。他们这些人的确是国家安危治乱的关键，所以我尤其需要办事得力的人担当此任。”

【点评】

唐太宗年轻时遭逢隋末大乱，随父征战南北，出生入死，所以深知黎民动荡之苦，天下安定来之不易。他深刻认识到，唯有多用贤才治国，多用能士为皇帝耳目以了解民间疾苦，才能保证国家稳定。因此，他登基后，积极求贤，重用能臣，终于开创了著名的“贞观之治”。

（八）

猛为相，坚端拱于上，百官总己于下，军国内外之事，无不由之。猛刚明清肃，善恶著白，放黜尸素，显拔幽滞，劝课农桑，练习军旅，官必当才，刑必当罪。由是国富兵强，战无不克，秦国大治。坚敕太子宏及长乐公丕等曰：“汝事王公，如事我也。”（《资治通鉴·晋纪》）

【译文】

王猛担任丞相，苻坚庄严而恭敬地居于上位，文武百官都受王猛统领，军务、国政、内政、外交等事务，没有不听由他指挥领导的。王猛性情刚毅贤明，清廉肃穆，善恶分明，放逐和罢黜那些碌碌无为吃干饭的人，大肆提拔地位低微而不得晋升的人才，鼓励农业生产，大练军兵，委任官职，一定要选能担当此任的人才，施行刑罚的对象也一定是犯有相应罪过的人。从此，前秦国富兵强，每次出战没有一次不获胜，国家得到大治。苻坚还敕令太子苻宏和长乐公苻丕等人说：“你们侍奉王猛先生，要如同侍奉我一样。”

【点评】

十六国时期，前秦君主苻坚重用汉人王猛，将军国大权全部交给他，还让自己的太子等贵族子弟全都恭敬侍奉他。王猛在前秦执政十八年，使得前秦社会安定，国富兵强，很快就统一了北方。苻坚之所以能取得如此大的成功，全赖于他敢于用人，敢于放权，用人不疑，疑人不用。

燕昭王求贤

古代有很多振兴国家的历史案例，都与君王重视和优待贤人密不可分，而求贤若渴到了极致者非燕昭王莫属。战国时候，燕国贫弱，燕王哙为学尧舜禅让，竟将王位禅让给燕国贵族子之。公元前314年，这场禅让的闹剧终于酿成了恶果，燕王哙和子之被杀，燕国陷入了持续三年的内乱。就在此时，齐宣王趁机以戡乱为名，大举出兵攻陷了燕国。在遭到燕国百姓强烈反抗后，齐军才被迫撤出。燕太子职即位为君，是为燕昭王。

燕昭王在位初期，燕国百废待兴，昭王渴求强国复仇。所以他请来名士郭隗，向他询问强国之术说："眼下国家刚刚安定，国力还十分虚弱，此时向强大的齐国复仇，显然不够明智。我想吸收天下人才为我所用，该从何做起呢？"郭隗说："如果您能礼贤下士，那么贤士们一定会为您效劳，还能为您引来更多的士人。天下才俊就都会聚于燕国，燕国何愁不能殷实富强呢？"燕昭王听后十分激动，他接着问："具体如何去做呢？"郭隗说："让我先来讲一个故事：从前有位君王，他十分酷爱千里马，不惜用千金购求。可是三年过去了，仍然没能购得一匹回来。他的一个侍臣请求用千金购得千里马。但侍臣用三个月打听到千里马的下落时，却发现千里马已死，于是他便用其中的五百金购买其马骨回来。君王见后大怒，说：'我要活的千里马，你怎么花重金买来一副马骨？'侍臣淡定地说：'马骨尚且愿意花五百金购买，又何况是活的千里马呢？大王为何不把这件事传出去，这样天下的千里马就都会云集而来。'不出一年，君王果然获得了三匹千里马。"故事讲完后，郭隗话锋一转，说："大王为何不先将我当作那匹死马呢?依小人的不才之身尚且给予优厚的礼遇,还怕没有人才聚集到燕国来吗?”

燕昭王采纳了郭隗的意见,为郭隗修建了恢弘的宫殿,像待老师一般毕恭毕敬地礼遇他。他又在燕国南部修筑了气势磅礴的燕下都,用以延揽天下贤士。于是三晋人才纷纷涌向燕下都,他们帮燕国引进先进技术,建立强大军队,改革政区管理体系,实行郡县制,使燕国扩张的领土得以巩固,国势空前强大。公元前284年,昭王以乐毅为统帅,发动燕、赵、魏、韩、秦五国联军大举伐齐,在济西之战中彻底击溃齐军。随后,乐毅带领燕军深入齐地,攻城略地,几乎灭亡了整个齐国。

燕昭王使用重金为贤士修宫殿、纳俸禄,不惜投资巨万,使当时列国都以燕国为重。燕昭王如此提高贤士的价值,一掷万金而不悔,堪称名副其实的“尚贤”者。

法治：法不阿贵，绳不挠曲

在中国古代，法源于礼，所以礼与法常常并称。春秋战国时期，礼崩乐坏，法家思想开始盛行，代表人物有管仲、士弥牟、李离、子产、李悝、吴起、商鞅、慎到、申不害、李斯、韩非等人。其中，韩非子是法家思想的集大成者，提出了“法不阿贵”的思想，主张法律面前人人平等；他还兼采商鞅、申不害、慎到等各家之长，将法、术、势结合起来，提出了“抱法处势”的主张。尽管古代的法与现代的法内涵并不完全一致，但某些法治思想在今天仍有借鉴意义。

（一）

夫法者，所以兴功惧暴也；律者，所以定分止争也。（《管子·七臣七主》）

【译文】

法，是用来推动建功、威慑暴行的；律，是用来确定本分、制止纷争的。

【点评】

在春秋之前的尧舜至商周时期，人们将法视为上天的旨意。到了春秋时期，管子认识到法的客观性，认识到法的产生是由于社会有了“定分止争”的需要，是社会矛盾不可调和的产物。管子将法看作一种社会规范，功能就是定尊卑名分、辨是非曲直，以维护社会秩序的稳定。

（二）

法者，天下之程式也，万事之仪表也。（《管子·明法解》）

【译文】

法是天下的规章，万事的准则。

【点评】

管子主张法的公正性，认为法是天下万事的规章准则，在所有人事上都是统一适用的。当然，在当时的社会制度下，贵族官吏们都享有很多的特权，这是普通百姓望尘莫及的。在剥削制度下，想实施法律的公正性是难以做到的，但我们不能苛责于受时代限制的古人，管子的进步思想仍值得后世借鉴和发扬。

（三）

有乱君，无乱国；有治人，无治法。羿之法非亡也，而羿不世中；禹之法犹存，而夏不世王。故法不能独立，类不能自行；得其人则存，失其人则亡。法者，治之端也；君子者，法之原也。故有君子，则法虽省，足以遍矣；无君子，则法虽具，失先后之施，不能应事之变，足以乱矣。（《荀子·君道》）

【译文】

有把国家搞乱的君王，没有自行陷入混乱的国家；有治理好国家的栋梁之材，没有让国家自行安定的法律。后羿的法令没有失传，但他的后人再没有继承君位的人；夏禹制定的法律至今仍然存在，夏后氏的后裔却没有世代称王。所以法律不能单独创立功绩，律令本身不会自行实施；有了善于治国的人才，法律就能起作用；丧失了善于治国的人才，法律就会丧失。法制是治理国家的开始，君子是法的根本。有了君子，即使法律不完善，也足够应对各个方面了；没有了君子，即使法律再完备，也会丧失应有的实施次序，无法应对各种事情，还会造成混乱。

【点评】

荀子是两个著名的法家人物李斯和韩非的老师，他主张将儒家的礼制思想同法家思想相结合。不过，荀子认为法虽然很重要，但法毕竟是人制定的，仍然取决于“人”，即所谓“法者，治之端也”，“君子者，法之原也”；即使有了“良法”，也要靠人去推行，所以他提出了“有治人，无治法”的主张。

（四）

法不阿贵，绳不挠曲。法之所加，智者弗能辞，勇者弗敢争。刑过不避大臣，赏善不遗匹夫。（《韩非子·有度》）

【译文】

法令不偏袒权贵，墨绳不迁就弯曲。法令应该制裁的，聪明的人不能逃避，勇敢的人不敢抗争。惩罚罪过不避开大臣，奖赏功劳不遗漏平民。

【点评】

韩非子把法治作为治国理政的基本方式，第一次提出了“法不阿贵”的思想，主张“刑过不避大臣，赏善不遗匹夫”，坚持法律面前人人平等，一视同仁。这种思想相比于“刑不上大夫，礼不下庶人”的贵族法权观念，是一种重大的进步，对清除贵族特权、维护法律尊严有着积极的意义。千百年来，这一法治思想在中国的法治进程中发挥着重要的作用。

（五）

世之治者不绝于中，吾所以为言势者，中也。中者，上不及尧、舜，而下亦不为桀、纣。抱法处势则治，背法去势则乱。今废势背法而待尧、舜，尧、舜至乃治，是千世乱而一治也。抱法处势而待桀、纣，桀、纣至乃乱，是千世治而一乱也。（《韩非子·难势》）

【译文】

世上能治国的君主不断以中等人才出现，我之所以要讲权势，是为了这些中等人才。中等才能的君主，最好的比不过尧、舜，最坏的也不至于成为桀、纣。掌握法度、握有权势就可以使天下太平，背弃法度、丢掉权势就会使天下混乱。假如废弃权势、背离法度而等尧、舜出现，尧、舜出现后才使国家得治，这就会一千代混乱而只有一代得治。若掌握法度、握有权势而等桀、纣出现，桀、纣出现后才使国家混乱，这就会一千代太平而只有一代混乱。

【点评】

韩非在这里论述了君主“抱法处势”的重要性，认为君主一定要掌握法度、握有权势，才能让法律得到坚定的推行。新制度的出台并不困难，难的是能否被坚定地执行下去，执政者应该维护法律的权威，国家才能依法管理，社会才能依法运行，人民才能依法办事。

（六）

疆吏习为宽大，葆桢精核吏事，治尚严肃。属吏懔懔奉职，宿将骄蹇者绳之以法，不稍假借。尤严治盗，莅任三月，诛戮近百人，莠民屏迹。皖南教案，华教士诬良民重罪，亲讯，得其受枉状，反坐教士，立诛之，然后奏闻，洋人亦屈伏。淮南引地以次归复，浚河、积谷、捕蝗、禁种罂粟诸政，并实力施行。（《清史稿·沈葆桢传》）

【译文】

封疆大吏当时习惯以宽大之政治理地方官员，独两江总督沈葆桢精心核查吏治，他治理政务的风格就是严厉整肃。他的属下官员全都小心谨慎地履行职责，老将中骄纵不顺从的人都被依法治罪，没有一点宽恕。他在禁盗的事务上下手最重，上任三个月来，就诛杀了将近一百人，不法之民全都绝迹了。安徽南部有一宗教士犯罪案件，华姓教士诬告良民犯有重罪，沈葆桢亲自审讯此案。在得知良民是受冤枉的实情后，便以诬告罪转而控告华教士有罪，马上将其处死，之后再奏报上级，洋人们见状也只能服输。在他治下，淮南的盐业经济区逐渐恢复经营，疏浚河道、囤积粮食、捕杀蝗虫、严禁种植罂粟等各项政务，也都在努力施行当中。

【点评】

对于吏治腐败、恶民为乱、社会秩序混乱不堪的地方，为政者必须雷厉风行，为政严猛，才能肃正社会风气，还百姓一个宁静和谐的社会，否则就是纵容不法分子为非作歹。在社会治理上，执政者应宽猛相济，灵活应变。孔子在评价子产治政时就说：“政宽则民慢，慢则纠之以猛。猛则民残，残则施之以宽。宽以济猛；猛以济宽，政是以和。”

张释之秉公断案不阿贵

张释之是西汉文帝时期著名的法官，他在任期间秉公执法，刚正不阿，曾不惜为此顶撞皇帝，时人称“张释之为廷尉，天下无冤民”。

一次，汉文帝出行到渭桥，前方早已戒严，但有一人却从桥下飞速跑过，将给皇帝拉车的马惊吓到了。文帝十分愤怒，派随从将其逮捕，并交付廷尉张释之治罪。后来，张释之向汉文帝报告处置结果说：“此人违犯了戒严除道的规定，应当处以罚金。”文帝听后怒气冲冲地说：“这个人惊动了我驾车的马匹，也就是我这匹马性情温和，若是换成其他的马，肯定会让车子翻倒而伤及我的，然而廷尉你却只罚他金钱了事！”张释之解释说：“法令是天下所有人共同适用的。此事按照现行法令只能如此定罪；如果处罚加重，法令就不能取信于民。如果在那人惊动圣上的马匹时，您派人杀死他，也就罢了。但如今此人被交由廷尉处置，而廷尉又是天下主持公平的模范，如果我稍有一点倾斜，那么天下的法度就会失去标准，可轻可重，百姓们还如何摆正自己的位置呢？还请陛下明察！”汉文帝沉默思量了很久后，说：“那就以廷尉的处罚作为最终判决吧。”

此事过后不久，有人因为偷盗了高祖皇帝宗庙里神位前的玉环而被捕，汉文帝大怒，将此人交由廷尉治罪。张释之于是按照“偷盗宗庙御用器物”的罪名判处其在街市枭首示众。文帝听后又大怒，说：“此人实为大逆不道，敢偷盗先帝宗庙器物。我将他交由廷尉处理，是想治他一个灭族之罪；而你仅仅将他个人判处死罪，这完全违背了我敬重宗庙的意志。”张释之赶紧解下冠帽磕头谢罪说：“我依据法令判他死罪，这已经足够了。何况即使是同种罪名，尚且需要视认罪态度的好坏来定等级。如今此人因盗窃宗庙器物而被灭族，如果以后有人从高祖的长陵封土上取走一捧土，那陛下又该怎么加重刑罚呢？”于是汉文帝便向母亲薄太后说明情况，得到同意后，就批准了张释之的量刑意见。张释之用他的智慧和勇气捍卫了法令的尊严，也成为中国古代法治精神的楷模。

改革:时移世易,除旧革新

《周易·系辞下》说:"穷则变,变则通,通则久。"回顾历史,历代的改革大多是在旧有制度运行不下去,有碍于国家发展、社会进步、人民生活的情况下,不得不实施的。大凡改革,必然是有利也有弊,关键要看是利大于弊还是弊大于利,在实施之前应该做好多方面的权衡,大的改革有时需要先做试点,再进行推广。另外,改革在推进过程中,可能会受到既得利益群体的阻挠和破坏,执政者必须坚定改革信念,不能朝令夕改。

(一)

公孙鞅曰:"前世不同教,何古之法?帝王不相复,何礼之循?伏羲、神农,教而不诛;黄帝、尧、舜,诛而不怒;及至文、武,各当时而立法,因事而制礼。礼、法以时而定;制、令各顺其宜;兵甲器备,各便其用。臣故曰:'治世不一道,便国不必法古。'"(《商君书·更法》)

【译文】

公孙鞅说:"以往的不同时代都有不同的观念教化,那么我们该效法哪一时代的法呢?历代帝王的礼制都不相互重复,又遵循哪一时代的礼制呢?"伏羲、神农做帝王时,采用教化民众的方法而不实行诛罚;黄帝、尧、舜做帝王时，虽采用诛罚的措施，却又不过于暴力；等到了周文王、周武王统治天下时，他们各自顺应时宜建立法度，依不同事务制定礼制。礼制、法度按照时宜而制定；制度、律令也各自顺应民俗所宜；兵器军械也都各按便于使用的原则来制造。所以我说：'治理国家不必都采用一种方法，使国家得到便利也不一定要效法古代。'”

【点评】

本段是公孙鞅（即商鞅）在秦国实行改革变法之前，与大夫甘龙、杜挚在秦孝公面前就秦国是否需要变法而展开的辩论。杜挚等法古派引用秦国古训，主张效法古代不为过，变法改革的好处也不大。于是，商鞅列举了历代圣明君王都没有效法古制，只是顺应时宜而制定礼法，便使国家兴旺强盛的例子，提出了“治世不一道，便国不必法古”的著名论断。

（二）

治国无法则乱，守法而弗变则悖，悖乱不可以持国。世易时移，变法宜矣。譬之若良医，病万变，药亦万变。病变而药不变，向之寿民，今为殇子矣。故凡举事必循法以动，变法者因时而化，若此论则无过务矣。（《吕氏春秋·察今》）

【译文】

治理国家如果没有一套方法和制度，那么国家就会混乱。能坚守法令，却不会变通，国政也会谬误百出。谬误和混乱一旦出现，君主就不能再统治国家了。社会和时代改变了，法度也应当随之改变。这就好比良医，他们能根据千万种不同的病症，来随时更改千万种不同的药方。疾病情况变化了，而所用药物不改变，那么本来还可以长寿的人，当下就只能成为短命鬼了。所以凡是要办大事，一定要遵循法度行动，善于改变法度的人都是根据时宜而变化，如果像这样就不会有失误的事了。

【点评】

法规制度并不是永恒适用的，即便流传使用很久的旧法，如果不能适应时代的需要，也必须进行改革。就如同治病一样，病情变了，药也应当变。《韩非子·五蠹》中也表达了相似的看法："圣人不期修古，不法常可，论世之事，因为之备。"意思是说，圣人不希望一切都遵循古代的办法，不墨守成规，而是研究当代的事情，从而制定相应的措施。

（三）

天变不足畏，祖宗不足法，人言不足恤。（《宋史·王安石传》）

【译文】

上天的变化不值得畏惧，祖宗的规矩不值得效法，人们的言论也不值得担忧。

【点评】

轰轰烈烈的"王安石变法"发生于宋神宗时期，当时，王安石力排众议，坚持认为，没有什么法是永恒不变的，要勇于面对变法，不要为任何阻挠变法的言论所动摇。虽然对于"王安石变法"的评价历来争议不断，但王安石勇于开拓创新的变法精神还是值得后人借鉴的。

（四）

云南俗无礼仪，男女往往自相配偶，亲死则火之，不为丧祭。无粳稻桑麻，子弟不知读书。赛典赤教之拜跪之节，婚姻行媒，死者为之棺椁奠祭；教民播种，为陂池以备水旱；创建孔子庙、明伦堂，购经史，授学田，由是文风稍兴。云南民以贝代钱，是时初行钞法，民不便之，赛典赤为闻于朝，许仍其俗。又患山路险远，盗贼出没，为行者病，相地置镇，每镇设土酋吏一人、百夫长一人，往来者或值劫掠，则罪及之。（《元史·赛典赤赡思丁传》）

【译文】

云南的风俗是毫无礼仪可言的，他们男女之间往往都是按自愿原则相互配偶，亲人死去后就被火葬，从不举行丧祭。也不种植粳稻、桑麻，他们的孩子也不知读书学习。赛典赤·赡思丁教他们跪拜的礼仪及婚姻、媒妁的规矩，给死者制作棺材并为之祭奠的方法；教会百姓播种，建造池塘储备水源；建立孔庙、明伦堂，购买经史书籍，授置学田，从此这里的文化之风气稍稍兴起。云南百姓用贝壳代替钱币，此时刚刚通行纸币制度，百姓们都感到纸币用起来不方便。塞典赤为此事上奏朝廷，于是允许他们仍沿用旧俗。赛典赤又担心去往云南的山路险峻而偏远，还有盗贼出没其间，成为旅人的祸患。于是他观察地形后设立镇，每个镇又设置土酋吏、百夫长各一人。如果有往来云南的人遭逢盗贼抢劫，就追究土酋吏、百夫长的罪责。

【点评】

中国自古以来就是一个多民族国家，每个民族都有各自的信仰和习俗，更何况“百里不同风，千里不同俗”，即便是一项对主体民族很利好的制度，对于其他民族来讲，未必就能适用。元政府对少数民族地区不但推行王朝统一的各项制度，也采取因其俗而治的策略，既尊重了民族习俗，又保证了其与中央的密切关系，维持了和平统一。

（五）

圣人之道，苟可以利济生民，随俗因其教可也。何必先王之礼乐法度而后为哉？（明·张居正《答宣大巡抚言虏求佛经》）

【译文】

圣贤之人治国的方法，是只要有利于救济芸芸众生，就算顺从民俗和教化都是可以的。何必非要以因循先王的礼仪法度为前提，然后再进行改革呢？

【点评】

张居正堪称大明王朝改革第一人，他认为改革的动机就在于利民，而不必以先王法度为准绳。毕竟，先王制定法度礼制的时代与当下的实际情况已经大不相同。民俗也应该顺应百姓当下的生活需要，不能通过制度强行改变。

（六）

法者，天下之公器也；变者，天下之公理也。大地既通，万国蒸蒸，日趋于上，大势相迫，非可阏制。变亦变，不变亦变。变而变者，变之权操诸己，可以保国，可以保种，可以保教；不变而变者，变之权让诸人，束缚之，驰骤之。（清·梁启超《论不变法之害》）

【译文】

法是天下的公器，变是天下的公理。如今世界各大陆和区域已经互通，万国都蒸蒸日上，历史大趋势是不可遏制的，所以变也得变，不变也得变。主动变法而真正会改变的，是将变法的权柄操纵在自己手中，那就可以保住国家，保住种族，还能保住我们的传统儒教；如果不想变法而会改变的，是变法的权柄让给其他国家，自己就为他国所束缚，被他国所驱使。

【点评】

梁启超在清末世界局势发生巨变的历史背景下，发出了“中国要想自救，必须变法”的呐喊。当时的变法诉求已经殊异于历史上任何一个变革时代。古代的变法还只是为了让混乱的社会重归稳定，而近代的变革则是由西方国家政治、军事、经济、文化等诸方面的强大压力所致，变法的目的是“保国”“保种”“保教”。所以说，变革有时迫于时局，不管想与不想，都要做出改变。

周厉王"专利"与"国人暴动"

周厉王是西周第十位君主,也是中国最早的"改革家"。不过,他却因为改革而导致了"国人暴动",作为"反面人物"被载入史册。西周中期以后,国势渐衰,到周夷王时,出现了"王室微,诸侯或不朝,相伐"(《史记·楚世家》)的局面。厉王继周夷王位后,起用"善于理财"且"好利而不知大难"的荣夷公做卿士,掌管国事。为了振兴王室经济,周厉王在荣夷公的建议下实施"专利"政策,即将山林川泽中从事工商业的国人全部赶走,只允许王室垄断经营。大夫芮良夫劝谏周厉王,认为山林川泽中的财利是天下人共有的,不能由王室独占。但周厉王根本不听,继续推行"专利"政策。许多工商业者被赶出山林,失去了收入来源,甚至无家可归。禁令推行不久,国人就开始怨言不断,纷纷指责周厉王。

这时,卿士召公虎劝谏厉王说:"人民对你的'专利'政策已经不能忍受了!"周厉王听后大怒,就找来一个卫国的巫师,让他专门去监视那些议论的人,巫师告发谁,就把谁抓起来处死。国人见此情形,就不敢再说周厉王的坏话了,即便在路上碰面了也只能用眼神表意。周厉王于是得意洋洋地告诉召公虎:"我能阻止人民说我坏话,现在他们都不敢再有怨言了。"召公虎说:"防民之口,甚于防川。"意思是说,堵住人民的嘴巴,比堵塞河流引发的后患更为严重。然而周厉王还是不听。三年后,国人们终于抑制不住愤怒,他们组织起来冲入王宫作乱。周厉王无法阻挡,仓皇出奔彘地,最终病死在那里,这就是著名的"国人暴动"事件。直到共伯和执政以后,才废除了厉王时的"专利"法,人民才得以安生,社会才趋于稳定。

纳谏：兼听则明，偏信则暗

古人云："兼听则明，偏信则暗。"意思是说，只有多方面听取意见，才能明辨是非；只听信一面之词，就会愚昧不明。古代明君大多能够做到广开言路，虚心纳谏，从善如流，所以他们周围聚集了许多贤臣与忠谏之士，如管仲之于齐桓公，晏婴之于齐景公，魏征之于唐太宗，等等。一位明智的执政者，不仅要有度量听取别人逆耳的忠言，还要做到闻过则喜，有过必改，身体力行地去执行，而不仅仅停留在口头允诺。

（一）

孔子曰："夫人君而无谏臣则失正，士而无教友则失听。御狂马不释策，操弓不反檠。木受绳则直，人受谏则圣。"（《孔子家语·子路初见》）

【译文】

孔子说："做国君的倘若没有敢于进谏的臣子，就会失去正道；士人倘若没有敢于纠正问题的朋友，就听不到善意的批评。驾驭正在狂奔的马就不能放下马鞭，拉弓不能丢下矫弓的器具。木材用墨绳打上墨线，就能修治笔直；人接受劝谏，就会圣明。"

【点评】

孔子认为，正如御马需要马鞭，操弓需要弓檠一样，君主也需要谏臣来纠正自己的行为和习惯，否则就会放纵自己，使自己偏离正确的治国方向。木材需要墨线以取直，君主需要谏臣以取正。这样，即便自身没有大的才干，只要能虚心采纳谏臣的良言，各类人才就会聚拢而来，又何愁治理不好国家呢？

（二）

先帝创业未半而中道崩殂，今天下三分，益州疲弊，此诚危急存亡之秋也。然侍卫之臣不懈于内，忠志之士忘身于外者，盖追先帝之殊遇，欲报之于陛下也。诚宜开张圣听，以光先帝遗德，恢弘志士之气，不宜妄自菲薄，引喻失义，以塞忠谏之路也。（三国蜀·诸葛亮《前出师表》）

【译文】

先帝开创统一中原的大业尚未完成一半，就中途去世了。如今天下分裂为三国，我们蜀汉国力衰微，这实在是国家危急存亡的时刻啊。但是宫廷里侍奉守卫的臣子们从不懈怠，忠诚的将士们在战场上不顾个人安危战斗，因为他们追念先帝对自己的优待之恩，想要在陛下的身上报答。陛下确实应该开通圣明的言路，来光大先帝留下的德行，振奋有远大志向的人的志气，不应该过分看轻自己，说话不恰当，以致阻塞了忠臣劝谏的道路。

【点评】

《前出师表》是三国蜀汉名相诸葛亮在出征北伐前给后主刘禅上的表奏。他首先强调当时天下的形势危急，对蜀汉政权极为不利，然后借此劝谏后主应当听忠谏之言，不要堵塞贤臣纳谏的通路。诸葛亮在开篇就劝谏后主“开张圣听”，不要堵塞“忠谏之路”，可见他对君主纳谏的重视程度。

（三）

贞观十七年，太宗问谏议大夫褚遂良曰："昔舜造漆器，禹雕其俎，当时谏者十有余人。食器之间，何须苦谏？"遂良对曰："雕琢害农事，纂组伤女工。首创奢淫，危亡之渐。漆器不已，必金为之；金器不已，必玉为之。所以诤臣必谏其渐，及其满盈，无所复谏。"太宗曰："卿言是矣。朕所为事，若有不当，或在其渐，或已将终，皆宜进谏。比见前史，或有人臣谏事，遂答云'业已为之'，或道'业已许之'，竟不为停改。此则危亡之祸，可反手而待也。"（《贞观政要·求谏》）

【译文】

贞观十七年，唐太宗问谏议大夫褚遂良说："古时候，虞舜制造漆器，夏禹雕镂祭器俎案，当时劝谏的有十多人。这些饮食器皿一类的小事，何必苦苦劝谏呢?"褚遂良回答说："重视雕镂的手工业技术会妨害农业，编织彩带会妨害农妇的纺织。开奢侈淫逸之先河，就是危亡的开端。而有了漆器还不满足，定要用黄金做器具。有了金器还不满足，定要用玉石做器具。所以谏诤之臣必须在事情已发端时就进谏，若等到事情已做到极致了，就无法再劝谏了。"太宗说："你讲得对，我所做的事，如有不当，不论是在萌芽期，还是快到极致时，都应当进谏。近来我翻阅前朝史书，看到有的臣下进谏，君主就说'已经做了'，或说'已经准许了'，但终究不肯停止和改正。这样下去，危亡的灾祸在一反手之间就会到来。"

【点评】

这段对话的核心思想就是做臣下的要及时对君主不好的行为和习惯进行劝阻，防微杜渐。而君主也应该及时改正，不能只是平静地听了谏言，却找各种借口不去执行。唐太宗是君主纳谏的典范，他不但接受忠臣劝谏，而且知错就改，从谏如流，从而开创了著名的"贞观之治"。

（四）

太宗尝怒苑西监穆裕，命于朝堂斩之。时高宗为皇太子，遽犯颜进谏，太宗意乃解。司徒长孙无忌曰：“自古太子之谏，或乘间从容而言。今陛下发天威之怒，太子申犯颜之谏，诚古今未有。”太宗曰：“夫人久相与处，自然染习。自朕御天下，虚心正直，即有魏征朝夕进谏。自征云亡，刘洎、岑文本、马周、褚遂良等继之。皇太子幼在朕膝前，每见朕心说谏者，因染以成性，故有今日之谏。”（《贞观政要·纳谏》）

【译文】

唐太宗曾对苑西监穆裕十分恼怒，下令将他在朝堂上斩首。当时，唐高宗为皇太子，急忙冒犯太宗，前去劝言，太宗的怒气便消退了。司徒长孙无忌说：“自古以来，太子进谏总是找机会平静地说话，如今陛下大发雷霆，太子却径直犯颜进谏，这真是古今所没有的。”太宗说：“人在一起相处久了，自然会相互染上一种习气。自从我统治天下以来，虚心接纳正直的意见，就有魏征不分早晚随时进谏。自从魏征死后，又有刘洎、岑文本、马周、褚遂良等人继续进谏。皇太子从小就在我跟前，每每都能见到我乐于听进谏的情形，于是养成喜欢进谏的习惯，所以才有了今天的进谏。”

【点评】

唐太宗善于纳谏，不但带动了忠臣积极进谏，连他的太子唐高宗也耳濡目染，从小就养成了进谏君父的习惯，等到关键时刻就能起到积极的作用。由此可见，说真话的“指挥棒”，往往握在听真话者的手中。如果执政者恶闻其过，那么周围就多是阿谀奉承之徒。反之，如果执政者乐闻其过，身边人才敢于讲真话，乐于讲真话，才能营造出“风清气正”的政治生态。

（五）

士良之老，中人举送还第，谢曰：“诸君善事天子，能听老夫语乎？”众唯唯。士良曰：“天子不可令闲暇，暇必观书，见儒臣，则又纳谏，智深虑远，减玩好，省游幸，吾属恩且薄而权轻矣。为诸君计，莫若殖财货，盛鹰马，日以球猎声色蛊其心，极侈靡，使悦不知息，则必斥经术，暗外事。万机在我，恩泽权力欲焉往哉？”众再拜。（《新唐书·仇士良传》）

【译文】

仇士良告老还乡，宦官们都送他回宅，仇士良辞谢大家时说：“各位要好好侍奉天子，可以听我一句劝吗?”众人洗耳恭听。仇士良说：“天子，不能让他有闲暇，他一有空闲就一定会读书，会见文臣，会接纳劝谏，会深谋远虑，会减少玩乐，会减少出游，我们的恩宠和权力就都削弱了。我为诸位考虑，不如聚敛珍宝，盛养鹰马，每天都以击球、打猎、音乐、美色来迷惑皇上的心，让他穷极奢靡，让他快乐得不知停歇，他一定会疏远儒术，看不清外界情况。万种机要都在我手，恩泽和权力还能跑到哪里去?”众人再拜称谢。

【点评】

仇士良作为一代奸臣，可谓深谙愚上之术。宦官作为依附于皇帝且与之平日接触最密切的人，为了维护自己的权力和地位，往往会拼命地投皇帝所好，使其疏远忠臣，不纳忠言，整天沉浸于享乐之中。这就提醒执政者，要对那些专门投己所好的人提高戒心，以免被人蒙蔽，不思进取而一事无成，甚至身败名裂。

（六）

操回至易州，重赏先曾谏者。因谓众将曰：“孤前者乘危远征，侥幸成功。虽得胜，天所佑也，不可以为法。诸君之谏，乃万

安之计，是以相赏。后勿难言。”（《三国演义》）

【译文】

曹操回到易州，重赏了先前曾劝谏他的人。曹操对众将说：“我先前在危险时远征，如今只是侥幸获胜。即便成功，也是上天保佑，所以不能效法。你们的谏言是万无一失的计谋，因此我要奖赏你们。以后你们进谏时也不要感到为难。”

【点评】

建安十二年，曹操不顾群僚反对，孤军深入沙漠、北征乌桓，大胜而归。但他回来后，却重赏了先前反对他北征的人。因为曹操担心自己日后听不到谏言，所以才这样做。事实上，曹操最终能统一北方，与他广纳谏言有着很大的关系。他身边的一大群谋士，如荀彧、荀攸、程昱、郭嘉等，组成了他的“智囊团”，每当需要做出重大决定时，曹操都先让他们发表意见，即使不采纳，也要让他们各抒己见，这样更有利于自己权衡利弊，做出正确的决策。相比起来，袁绍就闭目塞听，他把与自己意见相左的两个重要谋士田丰、沮授，一个打入牢中，一个弃之不用，导致决策接连失误，最终在官渡之战中惨败。

晏婴善谏，景公善听

春秋时期，翟王之子翟羡凭借能用十六匹马驾车当了齐景公的侍臣。景公不太喜欢看他驾车，但他的宠妾婴子很想观看，并且在观看后非常高兴，就替翟羡向景公请求说：“希望大王能给他优厚的俸禄。”景公答应了。

晏子病愈后谒见景公，景公说：“翟王之子翟羡驾车，我很喜欢，让他给您驾车看看吗？”晏子说：“驾驭车马的事，不在我的职权范围之内。”景公说：“我很满意他的驾车技术，想要给他万钟的俸禄，这大概够了吧？”

晏子回答说:"以前,卫国的东野氏驾车,您很喜欢,可是婴子不喜欢,您也就跟着说不喜欢,并且不再看他驾车了。现在翟王的儿子翟羡驾车,您不喜欢,可是婴子喜欢,您也就跟着说喜欢了。婴子替他请求俸禄,您就答应了,这就是被妇人制约了。况且不乐于治理人民,却喜欢调理马匹;不给贤德的人优厚的待遇,却给赶车的人优厚的俸禄。从前,我们的先君桓公的国土比现在狭小,但他整顿法纪,推广政教,因而称霸诸侯。然而现在却没有一个诸侯能归附齐国。而且年成不好时,道路上饿死的人随处可见。您却对此不担忧,反倒对驾车的技巧更关心。况且诸侯按礼制只能用三四匹马驾车,现在用八匹马驾车,本已不符合制度了,而您竟用十六匹马驾车,这不是更严重了吗?您有此偏好,国内必定会有人效仿,这也不是驾驭臣下的办法。过分追求享乐,不妥善处理百姓的事务,圣明的君主是不会这样做的。您若表现出如此偏好,归附我们的诸侯一定纷纷效仿。您无善政以施加诸侯,却用邪僻的行为来影响他们,诸侯如何拥护您,百姓又如何拥戴您?况且目前贤人被弃置不用,孤儿寡妇得不到救济,您却听信宠妾的话增加御者的俸禄,从而加深人民的怨恨,这是与人民为敌的行为。现在您不考虑如何让国家稳固,却只干些使国家颠覆的事。国家很快就要灭亡了。希望您好好考虑考虑。"

景公说:"您说得对。"于是不再观看驾车,罢免了翟王之子翟羡,且疏远了婴子。

齐景公偏宠婴子,甚至连好恶也完全随婴子的好恶。晏子针对景公的这种毛病,直言不讳地指出,并深刻剖析了这种偏听偏信可能引发的严重后果,为景公很好地上了一课,尽到了自己作为大臣的责任。而景公也懂得轻重,听得进晏婴的劝谏,并果断地做出疏远婴子和罢免御者的决定,说明他虽有愚行,但善于纳谏,知错能改,从善如流,也是难能可贵的。

务实:讷言敏行,脚踏实地

有些人的习惯是:讲起来头头是道,慷慨激昂。做起来瞻前顾后,怯于风险。看得激动,听得感动,干则不动。这种人是孔子非常反对的。孔子曾说:“君子食无求饱,居无求安,敏于事而慎于言,就有道而正焉,可谓好学也已。”(《论语·学而》)孔子主张“少说多做”,厌恶那些巧言令色、夸夸其谈的人。俗话说“言多必失”,说出去的话就像泼出去的水,难以收回。尤其作为执政者,说得多了,容易说出一些偏颇的或是难以兑现的话,有损自己和政府的形象,所以应该以务实为原则,脚踏实地,不能只说不做,成为语言上的巨人,行动上的矮子。

(一)

子贡问君子。子曰:“先行其言而后从之。”(《论语·为政》)

【译文】

子贡问如何才算是君子。孔子说:“应先实践了你所要说的话,再把这话说出来。”

【点评】

孔子一贯主张谨言慎行,不要轻易允诺,不要轻易表态。他认为作为君子,不能未行先言,只说不做,而应先做后说。只有“先行其劳,再论其功”，才能取信于人。相反，说到却不能做到，就会失信于人，降低自己的威信。

(二)

子曰：“古者言之不出，耻躬之不逮也。”(《论语·里仁》)

【译文】

孔子说：“古时候，人们不轻易把话说出来，因为他们以自己的行为赶不上言语为耻辱。”

【点评】

孔子主张做人应该少说多做，而不要只说不做或多说少做，他在《论语·宪问》说的“君子耻其言而过其行”，表达的也是这种观点。社会上总有一些夸夸其谈的人，他们口若悬河，说尽了大话、套话、虚话，却一件实事、好事也未曾做过，给别人和自己都造成了不良的影响。

(三)

圣王通士不出于利民者无有。昔上古龙门未开，吕梁未发，河出孟门，大溢逆流，无有丘陵、沃衍、平原、高阜，尽皆灭之，名曰鸿水。禹于是疏河决江，为彭蠡之障，干东土，所活者千八百国，此禹之功也。勤劳为民，无苦乎禹者矣。(《吕氏春秋·爱类》)

【译文】

圣明的君王、通达的贤士的行为没有不是出于对人民有利的考虑才做的。很久以前，龙门山尚未被开凿，吕梁山还未开发之时，黄河一流到孟门山，大水就漫过堤岸而逆向流淌，不分丘陵、沃野、平原、高山，一概都会被淹没，人们称这段河流为“鸿水”。于是禹就疏通黄河，刨开长江，给彭蠡泽筑堤坝，使得东方的洪水消退，一千八百个聚落得以在此存活，这都是禹的功绩。为百姓勤苦劳作，没有谁比禹更辛苦了。

【点评】

禹在舜时为司空，主管天下治水工程的事务。他审察实情，十余年来走遍大江南北，到洪水最严重的地方进行实地考察，总结出疏浚河道以排解洪水的策略，并与民同苦，最终成功治理了天下水系，方才被推举为天下共主，成为中国历史上第一个王朝——夏朝的缔造者。在中国历代帝王中，恐怕没有一人能像大禹那样亲自带领人民长时间艰苦劳作，而成就了造福子孙万代的伟大工程的了。

（四）

衍将死，顾而言曰："呜呼！吾曹虽不如古人，向若不祖尚浮虚，戮力以匡天下，犹可不至今日。"（《晋书·王衍传》）

【译文】

王衍临死时，回头（对从人）说："哎呀！我们这些人即使比不上古人，如果从前不效法提倡浮华虚无，而是合力来匡救天下，还不至于落到今天这个地步。"

【点评】

这句话是西晋末年丞相王衍对自己清谈误国的临终哀叹，也是西晋清谈亡国历史教训的总结反省。王衍出身琅琊王氏，博学善文，能说会道，凭借着家世名气，年轻时就成为高官。但他却无心国事，好清谈玄理，崇尚虚无，不久就成为名士领袖。在他的影响下，自命清高、空谈名理、耻于实干成为西晋的政风、官风，国势每况愈下，王衍自己也在一次战败后被活埋。可见，普通百姓好空谈，会损及自身，而执政者如果好空谈，不干实事，不仅害己，还会误国。

（五）

转道州刺史，悉以秩俸买牛犊鸡猪，散惠孤弱不自存者。好单骑巡人家，至户人，阅视百姓产业。有修理者，于都会时，乃褒扬称述；如有过恶，随即训导，而不彰也。由是人行义让，有无均通，男子相助耕耘，妇女相从纺绩，大村或数百户，皆如一家之务。（《北史·循吏传》）

【译文】

公孙景茂转任道州刺史，他把自己的全部俸禄都拿来买牛犊、鸡和猪，分给因孤寡老弱而不能养活自己的人。他常常一个人骑马到村镇巡察，深入各家各户，了解百姓们的生产和生活情况，看到德行出众的人，就在公众面前褒奖他们；如果遇到犯有过错的人，他随时教训开导，但不会公之于众。在他的悉心治理下，百姓孝悌仁义、诚敬礼让，互通有无，男人们相互帮助耕田种地，妇女们就一起纺线织布。有的大村庄数百户人家，就如同一家人一样。

【点评】

执政者应具有务实精神，要注重为百姓办实事，兴利除弊，使百姓得到实惠。公孙景茂身为朝廷命官，已经年近80岁，但他为了掌握治下的真实情况，竟能深入民户，访贫问苦，为百姓排忧解难，在社会生产、文化教育、社会风尚等方面，无不关切，这种为百姓办实事的务实作风，很值得称道。

（六）

为治之道，在于务实，不尚虚名。朕缵承丕基，时刻以吏治兵民为念。事无大小，周思详虑，求其见诸施行，实可以有济天下者，必下谕旨，谆谆告诫。中外条奏有当理者，无不嘉与采纳。所冀内外臣工，实在遵行，庶有成效。（清·《雍正实录》卷十三）

【译文】

治理国家的方法，在于要务实，不要崇尚虚名。我继承宏伟基业以来，时刻将吏治、国防、民生放在心上。事无巨细，都要考虑周全，追求在付诸行动时，能够让天下获得实惠，一定要发布谕旨，恳切地予以告诚。朝廷内外的奏章内容只要是合理的,全都要嘉奖并采纳。这就是希望朝廷内外的百官能切实执行,让诸多方面的政事都能见成效。

【点评】

清朝的雍正帝是一位务实的皇帝,他在位期间,励精图治,勤政爱民,大刀阔斧地进行一系列的改革,如整饬吏治,废除贱籍,施行摊丁入亩、耗羡归公等政策,使社会风气明显比康熙晚年好转,给天下人带来许多实惠。也正是他统治时期的勤政、务实,对“康乾盛世”的连续起到关键性作用。

汉王任才不唯义

楚汉战争期间,西楚霸王项羽的阵营中有个叫陈平的人逃到汉王刘邦那里。刘邦准备重用他,他的属下周勃、灌婴劝谏说:“陈平相貌英俊,就像冠帽上装饰的美玉一样,但他未必有多少学问。听说陈平在家乡的时候曾跟嫂子私通,在事奉魏王咎时,魏王不能容忍他,他就逃奔到了楚国。他在楚国不被重用,这才投奔我们。如今,大王却如此重用他,还授予他护军的高官。我们听说陈平收受了不少将领的金钱,而且送他钱多的人能获得好处,送他钱少的人就会遭到不公的待遇。看来陈平是个反复无常的小人,还望大王明察!”

于是,刘邦开始猜忌陈平,就责问引荐人魏无知。魏无知说:“我之所以引荐陈平,是由于他有才干,而现在大王却在问他的人品。假如有人具备十足的信用和孝行,但却缺乏决定战争胜败的卓越才能,大王还愿意任用他吗?如今楚、汉两国处于战争状态,我向大王引荐这等人才,所考虑的就是其谋略是否有利于大王,至于他曾私通嫂子、收受贿赂这些小毛病,还值得一提吗?”

刘邦听后,又把陈平招来责问。陈平说:“大王,我曾为魏王办事,但他不能采纳我的计策,所以我只好去投奔项羽。项羽虽然手下人才济济,但他用人唯亲,只重用自己的亲属和宠信的人。我听闻汉王您知人善任,所以才弃暗投明而来。我由于来时两手空空,所以若不收点金钱就没法维持日常生计。如果大王认为我的谋略的确可以采纳,那就赶紧采纳;如果大王认为没什么价值,那么我收的金钱全在这里,就请让我将其悉数封存,送往官府,我也辞官而去。"

刘邦这才知道错怪了陈平,任命他做了护军中尉,负责督统全军将领,汉军中的将领们再也无人敢说陈平的闲话了。后来,陈平为刘邦屡出奇计,多次成功地化解危机,扫清障碍,终于消灭了项羽,奠定了汉王朝的统治。

俗话说:"金无足赤,人无完人。"选拔人才应该看重其实际才能,不必揪着一点小毛病不放,更不能被那些夸夸其谈而无真才实学的人所迷惑。

下篇
严私德：戒贪止欲，修身立德

私德是指私人生活中的道德规范，指个人品德、修养、作风、习惯以及个人生活中处理爱情、婚姻、家庭、邻里关系等问题的道德规范。私德是个人基本道德要求，关乎个人形象和事业的成败，影响他人行为和社会风气。如果一个人私德不立，则大德难明、公德难树。无数个体的私德水准，夯实了社会的公德根基，筑起了高耸的大德大厦。

私德是政德的底线。立政德，必须严私德。对于执政者来说，严私德就要严格约束自己的操守和行为。执政者手中掌握着人民赋予的权力，能够影响社会发展和群众生产生活，其私德绝非一己小事。从古到今，执政者的一言一行都备受关注，在私德问题上不能有丝毫懈怠。一旦疏忽，足以让政德沦丧，让政治生命终结。历史上，一些贪官污吏就是因为在私德上放纵自我，被人抓住了把柄，击中了软肋，牵住了鼻子，在糖衣炮弹面前吃了败仗，以致身败名裂，教训不可谓不深刻。

因此，执政者应强化“私德”建设，切实从自身做起，从小事做起，端正自己的思想和行为，戒贪止欲，克己奉公，时刻自律自省，廉洁修身，廉洁齐家，坦荡为人，谨慎交友，要慎独、慎初、慎微、慎欲，把“严私德”真正落到实处。只有这样，才能堂堂正正做人，老老实实做事，清清白白为官，做人才有底气，做官才有正气，做事才有硬气，才能赢得群众的认可。

廉洁:公则生明,廉则生威

"廉洁"一词最早出现于《楚辞·招魂》:"朕幼清以廉洁兮,身服义而未沫。"东汉著名学者王逸在《楚辞章句》中注释说:"不受曰廉,不污曰洁。"也就是说,不接受他人馈赠的钱财礼物,不让自己清白的人品受到玷污,就是廉洁。廉洁是专门针对执政者来说的,治政廉为首,廉乃政之本。廉洁不仅是个人道德品质问题,而且关系到政治的公正、百姓的福祉、国家的兴衰,它要求执政者在面对各种外在财物诱惑时,做到不贪赃枉法,不以权谋私,不取不义之财,时刻绷紧廉洁自律这根弦,始终做到拒腐蚀、永不沾。

(一)

仿性公廉,南海虽富珍奇,月俸之外,不入其门。家人疾病,医工治药,须乌梅,左右于公厨取之,仿知而命还,促买于市。(《旧唐书·萧仿传》)

【译文】

萧仿生性公正廉洁,南海虽然富有珍奇宝物,他除了为官的俸禄,都没有任何索取。家人生了病,医工前来医治,须用乌梅入药,仆从从公家厨房中拿给医工,萧仿得知后命仆从把乌梅送还,还让仆从去市场上购买乌梅。

【点评】

萧仿堪称廉洁的楷模，他身处富庶的广州，不仅坚持靠俸禄吃饭，就连公家厨房里的一颗乌梅都不苟取，实在可敬。为官从政，岗位不可能一样，有的是富饶之地，有的是贫瘠之处，执政者不管身处何地、身居何职，都应一心为民，不可自润自肥。富官穷做，穷官苦做，这才是执政者应有的态度。俗话说："油水厚的地方容易滑倒。"身处要职或"肥缺"的执政者更应深怀戒惧，廉洁自律，增强抵腐定力。

（二）

有见理明而不妄取者；有尚名节而不苟取者；有畏法律保禄位而不敢取者。（明·薛瑄《从政录》）

【译文】

有明白事理而不任意获取财物的人；有珍惜名节而不随意获取财物的人；有害怕法律制裁，想要保住官位而不敢轻易获取财物的人。

【点评】

薛瑄是明代著名学者，也是一位受人尊敬的廉吏。在《从政录》中，他将廉洁者分为三等，分别对应从高到低的三种廉洁境界："不妄取者"达到了廉洁的上乘境界，他们品德高尚，有着坚定的信仰和远大的目光，能够自觉抵御钱财色等各种外在诱惑；"不苟取者"实践了廉洁的基本要求，他们崇尚名声，想要保持清白的气节，所以不随意获取财物；"不敢取者"守住了廉洁的底线，他们因为畏惧法律而遵纪守法，不越雷池。执政者不仅要做到"不敢取"和"不苟取"，还应该追求"不妄取"的更高境界。

（三）

吏不畏吾严，而畏吾廉；民不服吾能，而服吾公。廉则吏不敢慢，公则民不敢欺。公生明，廉生威。（明·年富《官箴》刻石）

【译文】

衙吏不敬畏我严厉,而敬畏我廉洁;百姓不信服我的才干,而信服我的公正。为政清廉,衙吏就不敢轻慢;办事公正,百姓就不敢欺瞒。处事公正才能使政治清明,做人清廉才能树立威信。

【点评】

《官箴》之言最早出自明初学者曹端之口,后山东巡抚年富对其词句稍作改动,增加了“公生明,廉生威”,并用恭楷书写,作为自己的为官座右铭。这三十六字《官箴》,可谓字字警策,句句药石,诠释了公正、廉洁这两条为官从政之道。执政者只有秉公用权、廉洁用权,才能维护自身的权威性和公信力,从而获得人民群众的信任。

(四)

公延入,坐语之曰:“昨雨后出街衢,一舆人蹑新履,自灰厂历长安街,皆择地而蹈,兢兢恐污其履,转入京城,渐多泥泞,偶一沾濡,列不复顾惜。居身之道,亦犹是耳。傥一失足,将无所不至矣。”余退而佩服公言,终身不敢忘。(明·张瀚《松窗梦语》)

【译文】

王廷相邀请我进来,坐下来跟我聊道:“昨天我在雨后乘轿子进城,其中一个轿夫穿了一双新鞋,从灰厂到长安街,这一路上他都小心翼翼、择地而行,生怕弄脏了自己的新鞋,等到进城后,路面泥泞渐多,轿夫一不小心,一脚踩进了泥水里,此后便无所顾忌地在泥水中行走了。为人处世的道理,其实也就是这样。人一旦失足,就什么事都做得出来。”我告退后,非常佩服他对我说的这番话,这一生都不敢忘记。

【点评】

这是张瀚初任御史时,都台长官王廷相给他讲的乘轿见闻,借此告诫他“慎始”的为官之道。故事中的轿夫由“择地而蹈”到“不复顾惜”,让人想起很多贪官的蜕变过程,这些贪官在从政初期也想做清官,但后来由于思想一时松懈，不慎湿了“第一脚”，突破了心中的底线，受“破罐子破摔”的惯性心理支配，逐渐变得肆无忌惮、为所欲为，最终滑向腐化堕落的深渊。执政者当有“惜鞋”的情操，从一开始就要坚持原则，谨慎用权，守好廉洁的第一道“防线”，勿“下不为例”，莫“轻易笑纳”，才能迈好人生的第一步，进而走好人生的每一步。

(五)

世上没个好做的官，虽抱关之吏，也须夜行早起，方为称职。才说做官好，便不是做好官的人。（明・吕坤《呻吟语・治道》）

【译文】

世间没有一个好做的官，即使是把守城门的小吏，也必须晚睡早起，才算称职。如果有人说做官好，那么这人一定不是做好官的人。

【点评】

“为官苦，做好官”道出了为官履职的真谛：做官本是苦事难事，权力大一分，责任就重一分。做好官意味着要有担当，要鞠躬尽瘁，必然辛苦。如果认为做官好，肯定是看到以权谋私的好处。执政者要坚决把廉洁自律、守住清贫作为为官从政的基本道德操守，以“不敢腐”的敬畏之心、“不想腐”的自觉性来自律、修身。

(六)

公孙仪相鲁而嗜鱼，一国争买鱼献之，公仪子不受。其弟谏曰：“夫子嗜鱼而不受者，何也？”对曰：“夫唯嗜鱼，故不受也。夫既受鱼，必有下人之色，将枉于法；枉于法，则免于相。免于相，虽嗜鱼其谁给之？既无受鱼而不免于相，虽不受鱼，能长自给鱼。”（明・冯梦龙《智囊・远犹》）

【译文】

公孙仪在鲁国做丞相，他生性爱吃鱼，国人就争相买鱼献给他，他却不肯接受。他的弟弟劝他说："您喜欢吃鱼，别人给您买鱼您又不肯收，这是为什么呢？"公孙仪回答说："正因为我爱吃鱼，所以才不接受。如果我接受了他们的鱼，就必定要迁就他们；迁就他们，就会做违法的事；做违法的事，我就会被罢相；如果我被罢相，到时候就算我想吃鱼，又有谁肯送鱼给我呢？如果我没收别人的鱼，我就不会被罢相，即便没人送我鱼吃，我也能靠自己获得鱼啊。"

【点评】

从公孙仪嗜鱼而不受鱼的故事中，可以看出公孙仪廉洁奉公、慎其所好的思想品格。公孙仪是清醒而理智的，他知道别人给他送鱼，是因为他身居高位，手握大权，所以投其所好。自己一旦接受馈赠，必然会受制于人，徇私枉法。而只有清正廉洁，他的相位才能长久，才能时常给自己买鱼吃。执政者应该像公孙仪那样，在生活上严于律己，不贪图奢华生活，抵制钱财色等各种诱惑。须知，只有手净，才能心宁，才能真正拥有心安理得的健康生活。

（七）

一丝一粒，我之名节；一厘一毫，民之脂膏。宽一分，民受赐不止一分；取一文，我为人不值一文。谁云交际之常，廉耻实伤；倘非不义之财，此物何来？（清·张伯行《禁止馈送檄》）

【译文】

"一丝一粒"虽小，却关乎我的名节；"一厘一毫"虽微，却都是民脂民膏。对百姓宽待一分，那么百姓所受的恩赐就不止一分；向百姓多索取一文，那么我为人便一文不值。虽然说交际是人之常情，来路不干净也会有伤廉耻。如果不是不义之财，这些礼物又从何处得来呢？

【点评】

这篇文章是廉吏张伯行出任江苏巡抚时，为谢绝送礼行贿专门写的。这篇仅56字的文章，用了八个“一”字，阐述了“一”看起来虽小，却事关官员名节、百姓疾苦、民心民意等大问题，不可小视。历史上，某些为官者总以为在大是大非面前把握住自己就行了，在“小节”上疏于防范，认为吃一点、喝一点、拿一点、玩一点出不了大事，其结果往往是“小节不慎，大节难保”，最终铸成大错，悔之晚矣。

一代廉吏张伯行

廉洁是中国传统从政美德，历代明君贤臣都把廉洁作为从政之要、为官之本，百姓也把廉洁作为评判官员德行的重要标准。中国历史上有很多著名的廉吏，他们恪守廉洁奉公的人生信条，自觉抵御各种诱惑，保持浩然正气，所以才能够流芳百世、广为传颂。清代名臣张伯行就是其中一位。

张伯行(1651—1725)，字孝先，号恕斋，晚号敬庵，河南仪封(今河南兰考)人，清朝大臣，理学家。历任福建巡抚、江苏巡抚，官至礼部尚书。张伯行自幼聪敏好学，熟读经史，儒家的自律、诚敬之道，对他的为人、居官有深刻影响。其父也常训诫他应以廉洁报效朝廷，方为尽忠尽孝。所以张伯行出仕后廉洁奉公，实政为民，是康熙年间一位名闻朝野的清官。

张伯行一生历任督抚要职，任所多在富庶繁华之地。但他生活简朴，衣饰饮食，始终保持寒儒本色，坚持不取属地民众一钱一物。康熙四十六年，张伯行初任福建巡抚，当地官员按照老规矩，给他的官邸布置一新，锦绣帷幕，金银器皿，奢侈豪华。张伯行认为陈设太过奢靡，又得知这些华丽用品都是百姓分担承办，断然拒绝，下令归还百姓，只取前任官员旧物使用。调任江苏巡抚后，身处繁华之地的张伯行深怀戒惧，如履薄冰。他吸取在福建的教训，还未赴任就先行下令，禁止铺设官署。他在江苏的官邸陈设简陋,仅小桌一张、床榻一副,四壁徒然,他却恬然自得。他个人在江苏官署的日常用度,大多从河南老家带来,尽量不用公家钱物。无锡县令每日送来的惠山泉水,是他享受的最大馈赠。但当他得知这些泉水全是特派百姓运送,就坚辞不受。

清代的官场,上下级之间馈送成风,行贿受贿现象十分严重。张伯行对此腐败风气深恶痛绝。张伯行初任江苏按察使时,依陋规要给巡抚、总督等上司送"见面礼",大约需白银4000两。张伯行拒绝送礼,受到督抚大员的排挤,也依然我行我素,心怀坦荡。在他出任要职,尤其是做封疆大吏时,僚属门生上门携礼拜谒,他也一律谢绝。不仅如此,他还亲自撰写《禁止馈送檄》一文,张贴在居所院门上和巡抚衙门外,以拒绝送礼者。这篇檄文被人们誉为为政清廉的"金绳铁钜"。张伯行在官时所举荐的人也都是学问纯正、清正廉洁的人。

张伯行为官二十多年,始终清廉自守,惠爱百姓,多行善政,深得士民爱戴。康熙皇帝也赞赏他"伯行居官清正,天下所知"。不但亲自保举他为福建巡抚,在他遭人陷害时,康熙帝依旧信任其人品官品,特加保全,并且常以张伯行为表率,号召大臣们向他学习。如果每个执政者都能像张伯行那样一身正气,两袖清风,仰不愧于天,俯不怍于民,问心无愧,那么廉洁就一定会蔚然成风。

勤俭：家国之兴，克勤克俭

勤俭是中华民族的传统美德，小到一个人、一个家庭，大到一个国家、整个人类社会，要想生存和发展，都离不开勤俭。然而，随着经济社会的发展，铺张浪费之风已经在社会生活的许多方面蔓延，这应该引起全社会的警醒。执政者要具备“勤俭”的政治品德，起好带头作用，从大事着眼，从小事做起，营造勤俭节约的良好氛围，带动全体社会成员一起培育勤俭节约的文明新风。

（一）

人惰而侈则贫，力而俭则富。（《管子·形势解》）

【译文】

人懒惰奢侈就会贫穷，勤劳节俭就可以致富。

【点评】

“勤”与“俭”应结合起来，不可偏废。只有辛勤劳动才能创造劳动成果，只有节约才能珍惜劳动成果，两者相加，劳动者创造的成果才会越累越多，社会才能发展进步。反之，则使社会衰败，文明倒退。

（二）

历览前贤国与家，成由勤俭破由奢。（唐·李商隐《咏史》）

【译文】

纵观历史，大到邦国，小到家庭，无不兴于勤俭，亡于奢靡。

【点评】

这句古训是晚唐著名诗人李商隐对历史经验的总结，他将勤俭提升到治国理念的高度上，指出勤俭与否关乎国运民情，中国古代国家的兴亡更替，在很大程度上取决于统治集团的勤俭或奢靡。纵览中国历史，迷恋和追求奢华的君主和王朝，大多没有逃脱衰落或国破家亡的悲剧命运，而奉行勤俭的君主和王朝则往往能励精图治，开创盛世文明。由此可见，勤俭是培育和形成治政美德的基础和首因，奢靡享乐是导致国破家亡的罪魁祸首。

（三）

由俭入奢易，由奢入俭难。（北宋·司马光《训俭示康》）

【译文】

从节俭变到奢侈很容易，从奢侈变到节俭却很难。

【点评】

这句话阐释了“俭”与“奢”相互转化的辩证法。人生来都有过好日子的欲望，由俭入奢是对这种欲望的释放与满足，很容易被人接受。而丢掉已经得到的一切，由奢入俭，需要对欲望进行克制与约束，这就比较困难了，人在习惯上、心理上都难以适应。可怕的是，一个人一旦习惯于奢靡的生活，而又没有能力满足时，难免会通过歪门邪道甚至违法犯罪等途径来寻求满足，很容易滑入堕落的深渊，清末八旗子弟的沉沦就是这句话的一个佐证。

（四）

子犹曰：贫者，士之常也；俭者，人之性也。贫不得不俭，而俭者不必贫，故曰“性也”。然则俭不可乎？曰：吝不可耳。俭而吝，则

虽堆金积玉，与乞儿何异？（明·冯梦龙《古今笑·贫俭部第十三》）

【译文】

子犹说：贫穷是人的一种常态，节俭是人的一种品性。因为贫穷而不得不节俭，而节俭的人不一定是因为贫穷，所以说节俭是“品性”。那么不可以节俭吗？有道是：吝啬是不可取的。一个人节俭到吝啬的地步，那么即使金子、玉器堆积成山，又与乞丐有什么不同呢？

【点评】

子犹（冯梦龙的字）认为，节俭是一种品性，与生活贫穷与否无关。他提倡节俭，但是反对吝啬。节俭作为一种基本的德行，是指一个人对自己当前物质生活水准的设计，表现为当用则用，当省则省。吝啬则是视积攒钱财为人生唯一的乐趣，对金钱疯狂崇拜，为此不惜牺牲掉一切正当的消费行为，养成自私贪婪的恶习，丧失了一切高尚的情趣。关于正确的节俭观，宋代文士李之彦在他的家训中有更详尽的阐述：“俭而能施，仁也；俭而寡求，义也；俭而传家，礼也；俭而训子，智也。俭而悭吝，不仁也；俭而贪求，不义也；俭于其亲，非礼也；俭其积遗子孙，不智也。”

（五）

一粥一饭，当思来处不易；半丝半缕，恒念物力维艰。（明·朱柏庐《朱子家训》）

【译文】

吃一碗粥或一碗饭，我们应当想着这粥饭来之不易；衣服的半根丝或半条线，我们也要常念着这些物资的产生是很艰难的。

【点评】

这句古训教育人们应当有勤俭治家的作风，不要随便浪费。应当认识到，人们享受的每一份服务，使用的每一件物品，都凝结着劳动人民的勤劳和智慧。崇尚节俭，不是让人做“小气鬼”，而是让人们学会珍惜和尊重他人的劳动成果，珍惜有限的资源，物尽其用。

(六)

俭则约，约则百善俱兴；侈则肆，肆则百恶俱纵。（清·金缨《格言联璧·持躬》）

【译文】

节俭就会有节制，有节制则百善都会兴起；奢侈就会放肆，放肆则百恶都会被纵容。

【点评】

这句话通过“百善俱兴”与“百恶俱纵”的强烈对比，说明了“俭”与“侈”对一个人的修身养性有巨大影响。节俭与奢侈绝不仅仅是个人生活问题，它关系一个人的品德修养和世界观。勤俭节约有助于激发进取的精神，培养高尚的道德品质。古代圣贤大都能在事业、生活上做到克勤克俭，如大禹为治水“三过家门而不入”，吃粗米饭，喝野菜汤。如果沉湎于物质享受，必然会玩物丧志，消磨意志，丧失精神目标，如历史上的一些统治者，他们生活上的奢靡荒淫，总是与政治上的昏庸残暴相伴而生、恶性循环，最终自取灭亡。

(七)

勤能补拙，俭以养廉。（清·金缨《格言联璧·从政》）

【译文】

勤奋可以弥补自己的笨拙，节俭可以培养廉洁的作风。

【点评】

这句话强调了勤劳和节俭的重要性。一个人即使先天有缺陷，后天勤奋努力，也能够弥补先天的不足。而节俭不单是节省过日子的小事，也关系执政者的为政之德，是为官养廉的根本。纵观古今，多少伟人、名人、志士、英模，持身俭朴，以俭养廉，以廉为官。再看那些落马的贪官，哪一个不是因为无“俭”而最终无“廉”，无“廉”而最终身败名裂的呢？所以，执政者应以俭为荣，以俭养廉，以俭养德。

隋朝兴亡之鉴

勤俭是中华民族的传统美德，从政治上说，它还关涉王朝的兴衰。隋文帝和继任的隋炀帝是两个截然不同的帝王，一个勤俭爱民，造就了繁荣盛世；另一个却骄奢淫逸，致使隋朝二世而亡。

隋文帝杨坚以勤俭著称，著名的史学家吕思勉评价他“勤政爱民，尤有俭德”。史载，文帝每天忙于朝政直到日头偏西，还时常把大量文牍从议政殿带回住处审批。出巡的路上，遇有上书的人，则“驻马亲自临问”。有时还暗自派遣身边的人到市井，探听官员治理得失和民间的疾苦。节俭，更是文帝为政的特色。在尚为臣子时，杨坚便以节俭而得民心。《隋书》记：“（杨坚）大崇惠政，法令清简，躬履节俭，天下悦之”。当了皇帝后，隋文帝更是带头力行节俭。他日常饮食很少吃肉，最多只有一个肉菜。穿的衣服多是布帛所制，一般不用金玉饰品。自己的御用品也是修修补补，反复使用。同时，文帝还规定宫中的妃妾不作美饰，衣服也都是洗了又洗的“浣濯之服”，很少有绫罗绸缎。上行下效，当时民间也以节俭为荣，男子基本不穿绫、绮，只穿普通的布帛，不佩戴金玉饰品。隋文帝勤俭节约，爱护百姓，使得王朝的用度大减，剥削减轻，民众得以安居从事生产。开皇年间，户口和财产都有巨大的增进。所以在不长的时间里，隋朝经济就出现了繁荣景象。自公元 581 年文帝登基，至公元 604 年崩逝，在位 23 年的隋文帝留给后人一个史上罕见的“户口滋盛，无不盈积”的富庶王朝。

而形成强烈反差的是隋炀帝。隋炀帝穷奢极欲，他不务国事、横征暴敛、大兴土木、四处巡游、夸富邻邦、炫耀武力，极尽挥霍之能事。百姓被剥削到无法生存的地步。于是民怨沸腾，人心思乱，谣言四起，盗贼遍地，阶级矛盾日益激化，农民起义风起云涌，此起彼伏。可怜隋文帝辛辛苦苦经营的江山就这样被隋炀帝断送了，而炀帝自己也惨遭部下勒死，不得善终。

自律：严以律己，不欺暗室

自律是一个人自警、自励和自我约束、自我完善的能力。中华民族自古就有严以律己的优良传统，如“善禁者，先禁其身而后人”“君子慎其独也”“不畏人知畏己知”等，都包含了严以律己之意。严以律己，就要始终不渝地坚守道德和法律底线，并不断提升人生品位，提高干事创业和服务社会的能力。从古到今，执政者因为手中握有权力，面临的各种诱惑和陷阱很多，往往成为被攻关、拉拢、围猎的对象，更需常怀律己之心，才能真正保障权为民所用、情为民所系、利为民所谋。

（一）

宣子骤谏，公患之，使钮麑贼之。晨往，寝门辟矣，盛服将朝，尚早，坐而假寐。麑退，叹而言曰：“不忘恭敬，民之主也。贼民之主，不忠；弃君之命，不信。有一于此，不如死也。”触槐而死。（《左传·宣公二年》）

【译文】

赵宣子多次进谏。晋灵公将其视作祸患，就派钮麑暗杀他。钮麑清早去刺杀赵宣子，看到赵宣子卧室的门是开着的，他已穿戴整齐准备上朝，但由于时间还早，就端坐在那里闭目养神。钮麑退出宣子的家，感叹地说：“宣子不忘记恭敬之道，真是百姓所仰仗的人啊。我若杀害百姓所仰仗的人，就是不忠；但若不履行国君的使命，就是不守信用。在这两者之间只要有一种，都不如死了。”于是，鉏麑便头撞槐树而死。

【点评】

刺客鉏麑看到赵宣子（赵盾）在一个人独处的时候，还能保持如此恭敬的姿态，心中钦佩不已。他明白独处时尚且这样自律的人，怎么可能是祸国殃民之人呢？赵宣子因为“慎独”这种良好的品质赢得了刺客的尊重，避免了杀身之祸。

（二）

李离曰：“理有法，失刑则刑，失死则死。公以臣能听微决疑，故使为理。今过听杀人，罪当死。”遂不受令，伏剑而死。（《史记·循吏列传》）

【译文】

李离说：“律条规定的法规，错判他人刑罚，自己也应当受刑；错判他人死罪，自己也应被处死。您认为我能明察秋毫，决断疑案，所以才委派我任司法长官。现在我误听人言而错杀了人，论罪当死。”于是他不接受晋文公的赦令，伏剑自杀。

【点评】

李离是春秋时期晋文公手下的一名司法长官。在一次审理案子时，他误听下属的不实之词而错杀了人。后来真相大白，李离深感已过难恕，坚持自杀，以死抵罪。其实，他已经得到晋文公的理解和赦免，文公甚至主动替他开脱，在君主“一手遮天”的社会里，不会有人再追究他的过错。但他严于责己，不推诿责过，以生命来谢罪，这种自律精神实在让人感动。

（三）

臣明不知人，恤事多暗，《春秋》责帅，臣职是当。请自贬三

等，以督厥咎。(《三国志·诸葛亮传》)

【译文】

臣的见识不能了解人才的好坏，考虑事情大多不够明智，《春秋》经书记载，军队战败该督责的是主帅，臣下所处的职位正当受此罪责。我自请贬职三等，来督责我的罪过。

【点评】

这是诸葛亮在“街亭之战”后写给后主刘禅的检讨书，从中可以看出他严于律己、勇于担责的精神。“街亭之战”中，诸葛亮作了周密正确的部署，但因马谡不听调度，擅自主张，致使街亭失守。但诸葛亮并不因此而推卸用人不当之过，不待他人问责，主动上表后主刘禅，引咎自责，检讨自己用人不当、治军不严的责任，并恳请后主将自己连降三级，以示处罚。其实，以后主刘禅对诸葛亮的宠信程度，他很可能不用承担战败的责任。也正因如此，诸葛亮这种执法严明、严于律己的作风才更难能可贵。

(四)

当之郡，道经昌邑，故所举荆州茂才王密为昌邑令，谒见，至夜怀金十斤以遗震。震曰：“故人知君，君不知故人，何也？”密曰：“暮夜无知者。”震曰：“天知，神知，我知，子知。何谓无知！”密愧而出。(《后汉书·杨震传》)

【译文】

在杨震赴郡途中，路上经过昌邑，他从前举荐的荆州秀才王密担任昌邑县令，前来拜见（杨震），到了夜里，王密怀揣十斤金子来送给杨震。杨震说：“我了解你，你不了解我，为什么呢?”王密说：“夜深了没有人会知道。”杨震说：“上天知道，神明知道，我知道，你知道。怎么说没有人知道呢!”王密（拿着金子）羞愧地出去了。

【点评】

人在有监督的情况下，大都能律己慎行，但在私底下、无人监督时，往往思想放松，心怀侥幸，行为越轨，走向堕落。杨震“暮夜却金”的故事，阐述了无论为官还是做人，都应具备慎独品质的道理。慎独是自律的最高境界。人们应时刻牢记“举头三尺有神明”“若要人不知，除非己莫为”的古训，在没有人看见的地方，也要严于自律，不做见不得人的事，始终不放纵、不越轨、不逾矩，让自己无愧于心。

（五）

（宋仁宗）一日晨兴，语近臣曰：“昨夕因不寐而甚饥，思食烧羊。”侍臣曰：“何不降旨取索？”仁宗曰：“比闻禁中每有取索，外面遂以为例。诚恐自此逐夜宰杀，以备非时供应。则岁月之久，害物多矣。岂可不忍一夕之馁，而启无穷之杀也。”（北宋·魏泰《东轩笔录》）

【译文】

一天早上，宋仁宗起床后，对身边的侍臣说：“昨天晚上我睡不着，觉得肚子很饿，特别想吃烧羊。”侍臣问道：“陛下为何不下旨向御厨索要呢？”仁宗回答道：“近来听说宫中一时索取，外面的人就会当成定例。实在担心从此夜夜宰杀，以备我不定期享用。时间长了，要宰杀多少牲畜呀！我难道就不能忍一时的饥饿，非要开始无止境的宰杀吗？”

【点评】

宋仁宗忍饿的故事展现出他严以自律的优良品质。作为一国之君，他能够做到慎始慎微，克制自己一时的口腹之欲，来防止形成定例后虚耗民财，伤生害物，实在让人敬佩。反观古代的许多帝王，他们同样拥有无限的权力和尊荣，但不能自我约束，于是奢侈无度，肆意挥霍，劳民伤财，最终导致王朝覆亡的惨剧，实在可叹！

（六）

不可以律己之律律人。（元·张养浩《牧民忠告》）

【译文】

不要以约束自己的标准去要求别人。

【点评】

这句话阐述了在严以律己的同时应宽以待人，不要苛责他人的道理。自律是正当的，人们在生活和工作中遵循一定的道德准则和行为规范，严格要求自己、约束自己，有利于鞭策自己，提升思想境界和工作能力。但同时，要用宽宏大量的胸怀对待和包容他人，这样可以减少生活中许多不必要的摩擦和纠纷。现实生活中，有一些人却偏偏对别人诸多苛责，而用最宽松的标准对待自己，这种做法是最不可取的。

（七）

自律不严，何以服众？（元·张养浩《风宪忠告》）

【译文】

对自己要求不严格，怎么能使众人信服呢？

【点评】

这句话阐述了律人者必先律己的道理。律己具有示范导向作用，只有律己才能干事业，得认同，得人心。为政者更应以身作则、率先垂范，严格自律，强化责任担当，凡是要求下级做到的自己必须首先做到，凡是要求下级不做的自己必须首先不做。只有严格约束自己，做人才有底气，做事才会硬气，才能赢得下级和群众的信任和支持。

（八）

曹鼎为泰和典史，因捕盗，获一女子，甚美，目之心动。辄以片纸书“曹鼎不可”四字火之，已复书，火之。如是者数十次，终夕竟不及乱。（明·焦竑《玉堂丛语》）

【译文】

曹鼎曾任泰和县典史，在一次捕盗贼的时候，他抓住了一名女贼，这名女贼美得令他心动。情急之下，曹鼎只好用纸一遍遍写下“曹鼎不可”四个字，写完就烧，烧了又写，一夜反复几十次，一直煎熬到天亮也没有乱。

【点评】

自律不是件容易的事，“严以律己”需要坚强的意志来做支撑。如果说柳下惠的“坐怀不乱”是道德高尚的话，“曹鼎不可”就阐述了一个普通人要做到自律，最难战胜的敌人就是自己的道理。曹鼎写字烧字的过程，其实就是理性和欲望的较量和博弈，是一场没有硝烟的战争，其残酷程度不亚于军事斗争，打赢了能洁身自保，输了便身败名裂。这世界上圣贤能有几人，面对诱惑，纵然不能做到心如止水，只要想方设法顶得住、不乱为，做出正确的选择，这种自律精神就值得敬佩和赞扬。

许衡的自律精神

许衡是我国古代杰出的思想家、教育家和天文历法学家，是元代初期的名臣，也是一位著名的学者。

一年夏天，许衡与很多人一起逃难。在经过河阳时，由于长途跋涉，加之天气炎热，所有人都感到饥渴难耐。这时，有人突然发现道路附近刚好有一棵大大的梨树，树上结满了清甜的梨子。于是，大家都你争我抢地爬上树去摘梨吃，只有许衡一人端坐于树下，安然如常。众人觉得奇怪，有人便问许衡：“你为何不去摘个梨来解解渴呢？”许衡回答说：“不是自己的梨，岂能乱摘！”问的人暗自笑他迂腐，说：“现在兵荒马乱，大家都各自逃难，眼前这棵梨树的主人早就不在这里了。主人既然不在，你又何必介意？”许衡正色说：“梨树失去了主人，难道我的心也没有主人吗？”他始终没有摘梨。

在混乱的局势中，平日约束、规范众人行为的制度在饥渴面前失去了效用。许衡因心中有“主”而能不为所动。许衡心目中的这个“主”就是自律。有了自律,才能在没有外在约束的情况下坚守内心准则。自律原则贯穿了许衡的一生,正是因为他修身正己的人格魅力,才获得了“元朝一人”的美誉。

其实,在千年之前,面对几乎同样的情境,晋代的王戎也做出过类似的选择。不过,王戎这样做并非是因为自律,他之所以不吃路边的李子,只是因为聪慧的他知道路边无人摘的李子必定是苦的,否则早就被人摘完了。王戎关心的是李子“甜不甜”,自己的行动是否能够得到实惠。王戎的确才华横溢,为竹林七贤之一。但他为人贪财好货、刻薄吝啬,这正与他行事过程中缺乏自我约束有关。

知足：知足不辱，知止不殆

老子说过："祸莫大于不知足，咎莫大于欲得。"历史上，有些执政者对名利看得很重，对个人升降去留看得很重，这种不健康的心态，不利于自身的成长进步，也不利于一个地方的发展。人一旦被名利束缚，就会心为形役，就会异化。执政者一定要视名利淡如水，看事业重如山，受得住清贫，耐得住寂寞，经得起诱惑，顶得住歪风，管得住自己。

（一）

知足者富。（《老子》第三十三章）

【译文】

知道满足的人，才是富有的人。

【点评】

最叹一个"富"字，韵味无穷。只有懂得知足的人，才是这个世界上最富有的人。这富有，不是高官厚禄，不是金玉满堂，而是精神的富有，心灵的充盈和欢适，是人生的一种大境界、大觉悟。孔子曾盛赞颜回道："贤哉，回也！一箪食，一瓢饮，在陋巷，人不堪其忧，回也不改其乐。"颜回居住和饮食条件如此贫苦，别人都替他发愁，可他却知足而无欲，苦中作乐，安贫乐道。相反，那些对名利钱财贪得无厌的人，心为形役、身为物役，无止境的贪念堵塞了快乐之源，带给了他们无止境的烦恼。

（二）

知足不辱，知止不殆，可以长久。（《老子》第四十四章）

【译文】

懂得满足就不会受到屈辱，懂得适可而止就不会遇到危险，这样才可以保持住长久的平安。

【点评】

避祸防患，莫如知足；常乐久安，无如知止。知与止，相辅相成，互为因果。不知则不止，知足则止足。知足思想就体现在古代功臣急流勇退的行动上。范蠡是越王勾践灭吴的功臣，他为人知足、知止，功成身退，携西施“泛舟五湖”“三散家财”，成就一代财神美名；而文种则功成居之，落了个“兔死狗烹，鸟尽弓藏”的下场，遭遇令人唏嘘。

（三）

欲虽不可尽，可以近尽也；欲虽不可去，求可节也。（《荀子·正名》）

【译文】

欲望虽然不能断绝，却可接近于无欲；欲望虽然不可去掉，但只要想办法就能节制它。

【点评】

人的内心深处常常存在各种各样的欲念，欲念与生俱来，挥之难去，但欲念是可以控制的。《玉堂丛语》记载：曾任广东布政使的刘大夏有一次视察官库，发现一笔未上账的银子。库吏说：“此乃赋税盈余，按例可归您用。”刘大夏沉吟半晌，终于用理智战胜了邪念，自责地说：“刘大夏平日读书做好人，如何遇此一事，沉吟许多时？”随即命库吏将银记入官账。可见，执政者必须要慎欲，面对各种诱惑，既要“看得破”，又要“忍得过”，用理智抵御诱惑，用自律严守欲望，才能把欲望关进笼子里。只有守着自己的薪俸过日子，才能衣食无忧，工作舒心，生活开心。

（四）

欲而不知足，失其所以欲；有而不知止，失其所以有。（《史记·范雎蔡泽列传》）

【译文】

有欲望而不知满足，最后会什么欲望也不能满足；占有了还不知停止，最终会失去占有的一切。

【点评】

古往今来，因贪而害己者比比皆是，曾为秦朝丞相的李斯就是如此。李斯具有卓越的政治才能和远见，由一无名小吏一步步走到秦国丞相的位置上。作为秦始皇的股肱之臣，在始皇驾崩后，他却被贪欲蒙住了心智，为了保住相位，竟不惜和奸臣赵高一同篡改秦始皇遗诏，迫令始皇长子扶苏自杀，立少子胡亥为二世皇帝。但李斯最终不为赵高所容，秦二世二年便被腰斩于咸阳闹市，并夷三族。

（五）

君人者，诚能见可欲，则思知足以自戒，将有所作，则思知止以安人。（唐·魏征《谏太宗十思疏》）

【译文】

做国君的人，如果能做到见到自己喜爱的东西时，就想到用知足来自我克制，将要兴建什么，就想到适可而止来使百姓安定。

【点评】

这是魏征于贞观十一年（637）写给唐太宗的奏章的选段。他深知欲不能过，欲过“治身则夭”“治国则亡”的道理，劝谏太宗对物质财富的占有应适可而止。西汉的汉文帝即以知足著称，他在位23年，车骑服御之物都没有增添，平时常穿着粗布衣服，并规定其夫人的衣服长不得拖地，帷帐不得纹饰绣花。除此之外，文帝还曾屡次下诏禁止郡国贡献奇珍异宝。他为自己预修的陵墓，也要求从简。文帝的知足使得王朝用度大减，减轻了人民的负担，赢得了老百姓的拥护。

（六）

吾生天地间，才与行不逮于古人远矣；而富于黔娄，寿于颜回，饱于伯夷，乐于荣启期，健于卫叔宝，幸甚幸甚！余何求哉？（唐·白居易《醉吟先生传》）

【译文】

我生长在天地之间，才华和品行远比不上古代的圣贤；但是我却比黔娄富裕，比颜回长寿，比伯夷温饱，比荣启期快乐，比卫叔宝健康，实在是太幸运了啊！我还有什么可奢求的呢？

【点评】

比下不比上是一种让人知足的思维方式，是涵养“知足”心的一大要诀。白居易喜欢比较，也善于比较。比下不比上，让他的知足常乐思想有着坚实的依托。他分别从富贵、寿命、温饱、快乐、健康等几个方面与历史上的圣贤做比较，认为自己虽无圣贤的才华和品行，但起码在这些方面比他们要好，从而对自己拥有的生活感到知足。

（七）

虎逐麋，麋奔而阚于崖，跃焉，虎亦跃而从之，俱坠以死。（明·刘基《郁离子·麋虎》）

【译文】

一只老虎追赶一只麋鹿，麋鹿逃到悬崖上向下俯视，仓皇之际便纵身跳了下去，老虎赶到也随它跳了下去，结果它们都摔死了。

【点评】

老虎追赶麋鹿，麋鹿从悬崖上跳下去，是不得已而为之，而老虎进退完全可以由自己决定，只是由于贪婪，随麋鹿一起摔死了。麋鹿死于无奈，老虎则死于贪婪。这则寓言告诉我们，适度的欲求是一个人奋进的动力，但如果变成贪婪失去节制，迟早要招致大患。

（八）

金溪胡九韶家甚贫，课儿力耕，仅给衣食。每日晡焚香，谢天赐一日清福。其妻笑之，曰："一日三餐菜粥，何名清福？"答曰："吾幸生太平之世无兵祸，又幸一家饱暖无饥寒，又幸榻无病人，狱无囚人，非清福而何？"（明·孙能传《剡溪笔谈》）

【译文】

住在江西金溪的胡九韶，家境十分贫苦，一边教儿子读书，一边耕种，勉强维持温饱。他每天下午，还焚香感谢上天又赐给他一天清福。他的妻子笑他，说："一日三餐全是菜粥，这叫什么清福呀？"胡九韶回答说："我们有幸生活在太平之世，没有战乱。一家大小有吃的有穿的，没有饥寒。家中没有人病在床上，也没有人被关在监狱里，这不是清福又是什么呢？"

【点评】

胡九韶从天下太平、衣食无忧、家人健康、家无囚犯四个方面表达了自己的知足思想，他为自己能拥有这些而感到快乐。其实做到知足并不难，像胡九韶一样，多想想自己有什么，不要老想自己没什么，就会品尝到知足带来的快乐和美好。如果一味跟别人攀比名利、财富这些身外之物，就会终日陷入愁苦之中，看不到生活的美好。不要等到有一天，连所拥有的东西都失去时才后悔。

贪得无厌的智襄子

智襄子是春秋末年晋国四卿之一,智氏家族领主,他曾率领晋国军队攻伐齐、郑等国家,为维护晋国霸业立下了汗马功劳。但智襄子为人贪婪,在联合赵、魏、韩三家瓜分了范氏和中行氏的土地和财产后,大权在握的智襄子又对赵、魏、韩三家的土地动了贪念,他以增强公家的实力为名,分别向三家的家主赵襄子、魏桓子、韩康子三大夫勒索土地,从韩、魏两家索取到了万户之邑,但向赵氏索求土地时被赵氏家主赵襄子断然拒绝。智襄子大怒,立即联合韩、魏两氏来讨伐赵氏,将赵氏围困于晋阳城。两年后,因为久攻不取,智襄子引汾水灌晋阳城。晋阳城内的军民病饿交加,形势十分危急。

在即将获胜之际,智襄子看见水攻的成效非常好,得意地说:“起初,我不知道水可以灭亡他人的国土,现在我已知道了。”旁边的韩康子、魏桓子两人听闻此语非常恐慌,互使眼色作暗号,他们都清楚自己的都城很可能就是智襄子下一个水攻的对象。

赵氏水困已久,无法续守,赵襄子便派谋臣张孟谈去策反韩康子和魏桓子。张孟谈用韩、赵、魏三家唇亡齿寒的道理劝告韩康子和魏桓子,一旦赵氏被智襄子吞并了,韩氏和魏氏会是他下一个攻击目标。韩康子和魏桓子本来就对智襄子的嚣张跋扈非常愤恨,也清楚贪婪的智襄子不会因为赵氏灭亡而收手,因此决定倒戈起事。于是三方密约,决定共同攻灭智氏。

不久,赵襄子派出部队,杀死智氏军守堤的士兵,决堤反灌智氏军,智氏军因仓促救水而混乱,韩、魏两军趁势从侧翼进攻,赵襄子亲率军队进击,大败智氏军的前锋,长驱直入中军幕府,智襄子被擒杀,头骨也被赵襄子涂上了漆,当成了酒具。智氏家族全部被屠灭,所有的领地被韩、魏、赵三家瓜分。

静心:淡泊明志,宁静致远

静心是指在为人处世、待人接物、幽居独处时能够保持一种自然、平和的心态。静心的修行也适用于在遇到困难和挫折时,能放平心态面对,以一颗平常心看待升迁去留,处理日常生活中的琐事。现实生活中,总会有这样或那样的不如意,会让人变得疲惫不堪。而静心能助人开阔眼界,胸襟豁达,挺过如磐风雨,包容万千气象,寻得生命真谛。我们应该多涵养几分静气,多一些沉潜、少一些浮躁,多一些淡定从容、少一些进退失据,让心灵远离尘嚣,从而享受生命带给我们的一切!

(一)

蚓无爪牙之利,筋骨之强,上食埃土,下饮黄泉,用心一也。蟹六跪而二螯,非蛇鳝之穴无可寄托者,用心躁也。(《荀子·劝学》)

【译文】

蚯蚓没有锋利的爪牙,强健的筋骨,却能向上吃到泥土,向下喝到地下的泉水,这是用心专一的缘故。螃蟹有六只脚和两只蟹钳,但它没有蛇和鳝鱼的洞穴就无处藏身,这是用心浮躁的缘故。

【点评】

荀子从蚯蚓与螃蟹的习性中总结出用心专一才能有所成就，用心浮躁则会一事无成的道理。现实生活中，面对各种喧嚣忙碌、纷繁复杂的人事，心浮气躁非但不能解决问题，反而会把事情弄得一团糟，而唯有坚守内心的宁静，保持清醒的头脑，人们才能专注于探究本质、解析机理，从而抽丝剥茧寻找本质，让问题迎刃而解。

(二)

静而后能安，安而后能虑，虑而后能得。(《礼记·大学》)

【译文】

心静不躁才能够心安，心安才能够思虑周详，思虑周详才能够有所收获。

【点评】

静心是古人推崇的大智慧，是安定、思虑和有所得的基础。在出现问题时，安静的人更容易深入思考，在仔细观察中审时度势，获得解决问题的办法或者感悟人生的道理。相反，一个人内心焦虑，就会陷入躁动不安的状态中，很难真正思考问题，做人做事也一定会出现问题，最终无所获。

(三)

结庐在人境，而无车马喧。问君何能尔？心远地自偏。(东晋·陶渊明《饮酒·其五》)

【译文】

居住在人世间，却听不到车马的喧嚣。问我为何能如此，只要心志高远，自然就会觉得所处的地方僻静了。

【点评】

这两句诗阐述了真正的宁静不取决于外部的环境，而取决于人的内心的道理。在现代都市文明中，想要寻得一片安宁的田野，实在是一种奢望。而如果特意去人迹罕至的荒野中去寻找安宁，反而流于形式。心静其实是一件很自然的事情，心灵的平静祥和可以不受外部干扰。试看唐代诗人王维，他虽处庙堂之高，却仍能保持一种平和的心态，挥笔抒写“明月松间照，清泉石上流”的绝妙画面，这就达到了静心的较高境界。

（四）

玄入问计，安夷然无惧色，答曰：“已别有旨。”既而寂然。玄不敢复言，乃令张玄重请。安遂命驾出山墅，亲朋毕集，方与玄围棋赌别墅。安常棋劣于玄，是日玄惧，便为敌手而又不胜。安顾谓其甥羊昙曰：“以墅乞汝。”安遂游涉，至夜乃还，指授将帅，各当其任。（《晋书·谢安传》）

【译文】

谢玄进房间问谢安应敌之计，谢安神情泰然，毫无惧色，回答道：“朝廷已另有主意。”过后默默不语。谢玄不敢再问，便派张玄再去请示。谢安于是驾车去山中别墅，亲朋好友聚集在周围，然后才与张玄坐下来下围棋赌别墅。谢安平常棋艺不及张玄，这一天张玄心慌，做谢安的敌手却败给了谢安。谢安回头对外甥羊昙说：“别墅给你啦。”说罢便登山游玩，到晚上才返回，部署将帅，面授机宜。

【点评】

谢安具有“每临大事有静气”的心态。在“淝水之战”的整个过程中，他静心凝神，举重若轻。前秦军强敌压境，军情危急，都城建康一片惶恐，谢安依旧处变不惊，镇定自若，和张玄一起下棋，以别墅为赌注。登山游玩后又科学地制定措施，把握好大局，处理好大事，取得了“淝水之战”以少胜多的大捷。

（五）

人人避暑走如狂，独有禅师不出房。可是禅房无热到，但能心静即身凉。（唐·白居易《苦热题恒寂师禅室》）

【译文】

人人为了避暑像狂人一样走来走去，只有禅师没有走出房间。不是禅房中不热，是因为禅师他心中平静，身上自然就感觉清爽。

【点评】

这句话阐述了“心静自然凉”的道理。当年白居易去东都洛阳的寺庙拜访恒寂大法师，正值炎热的夏季。白居易走进屋内，却见恒寂安静自如地端坐着，便心生疑问，问他为何不找个更凉快的地方坐着。恒寂禅师却一脸淡然地说：“此地亦凉快。”可见只要内心宁静，心态平和，即便在闷热难耐的夏日，也能避开暑热。

（六）

心如止水鉴常明，见尽人间万物情。（唐·刘禹锡《和仆射牛相公寓言二首》）

【译文】

心中平静得像水一样，才能明鉴万物，看清人世间万物蕴含的多种情感。

【点评】

心如止水，比喻一种心里无杂念，平静如水，对万事万物都不刻意追求，随和自然的心态。这种心态能如实、准确、客观地反映身心内外各种现象，就好比平静的水面，能如实、不扭曲地反映岸边的景物。

（七）

将至曲江，船上滩欹侧，撑者百指，篙声石声荦然。回顾皆涛

濑，士无人色，而吾作字不少衰，何也？吾更变亦多矣，置笔而起，终不能一事，孰与且作字乎。（北宋·苏轼《书舟中作字》）

【译文】

将要到曲江时，船只突然触滩涂倾斜，十个船夫一起撑篙，船篙撞击着石头，发出很大的响声，船四周全是滚滚波涛，吓得众人面无血色。而我写字不受一点影响，为什么呢？我这辈子经历的变故太多了，况且就算此时停下笔来，终究做不了什么，还不如只管写字呢。

【点评】

静气不是与生俱来的，培养静气也不是一朝一夕的事，需要自己不断地去历练和积累。苏轼乘船时，面临滩险舟危的险境，之所以能泰然自若，临事不惧，正是因为他饱经沧桑，经受住了艰难困苦的历练。可见，人们需要在难事、烦事、急事、苦事上多磨炼心性，多经历几番兴衰荣辱的洗礼，就能在遇到大事时变得气定神闲、沉稳豁达，抵达“不以物喜，不以己悲”的境界。

（八）

太祖下徽州，以邓愈荐，召问时务。对曰：“高筑墙，广积粮，缓称王。”太祖善之。（《明史·朱升传》）

【译文】

明太祖到了徽州，根据邓愈的举荐，召来学士朱升，询问他对时事的看法。朱升回答道：“应该加强防卫，发展经济，不要急于称王。”太祖很赞同他的话。

【点评】

静气与治国理政思维有着莫大的关联。胸怀静气，才不会得意忘形，被胜利冲昏头脑。朱元璋曾征求学士朱升关于平定天下战略方针的意见，朱升认为当时天下混乱，朱元璋作为众多割据势力的一支，实力还不是特别强大，所以提出了积累实力以等待时机的建议，朱元璋遵照执行，最终取得了成功。反观历史上几个短命的王朝，之所以“其兴也勃焉，其亡也忽焉”，某种程度上就与不能守静有关。如太平天国在定都天京后，不能守静，外患未除，内部就开始忙着贪图享受，忙着争权夺利，致使天京很快陷落。

（九）

孔明乃披鹤氅，戴纶巾，引二小童携琴一张，于城上敌楼前，凭栏而坐，焚香操琴。（《三国演义》）

【译文】

诸葛亮于是披上鹤氅，戴上纶巾，后面跟着两个小童，捧着一张古琴，在城上敌楼前面，倚着栏杆坐下，烧着香，弹奏古琴。

【点评】

罗贯中笔下的诸葛亮面对危机，却焚香操琴，没有慌张。他静下心来，判断出对方主帅司马懿对自己定然不敢轻视，遂上演了一出化险为夷的空城计。人们纵然没有诸葛亮的智慧，但也要有面对危机时的静心。“守静”是为了恢复心灵的清明，安静下来，梳理出最根本的问题，危机也就迎刃而解。如果不静心，只会让自己一直处在忙乱当中，却无法解决问题。

静以修身的曾国藩

静心不仅是哲学概念，更是一种精神状态，一种修身养性的方法，一种为人处世之道。儒道释三家都强调一个“静”字。儒家讲求修身，立志，治学皆以静为本；道家讲求“平和冲淡”；释家禅宗讲求静坐以修心。由此可见“静”字功夫的要紧。

曾国藩是中国近代著名的政治家，湘军的创立者和统帅，“晚清四大名臣”之一。曾国藩在动荡不安、群势交错的险恶处境中，仍可保持一颗平静之心，这与他静以修身有很大关系。

曾国藩年轻时性格比较浮躁，学习、做事经常看心情，心情一畅快，马上动手去干，既没有充分准备，又没有周密计划。有时读书才开了个头，他就急于见成效，且浮躁贪多，同时看三五本书。遇到困难时，便急得如热锅上的蚂蚁，恨不得来个"快刀斩乱麻"，马上把问题解决掉。问题解决不了，就会产生挫败感。因为性格急躁，他与人交往时也不耐烦，不能耐心倾听他人意见，且容易发怒，一言不合就口不择言，使别人陷入尴尬，因而影响了人际关系。且曾国藩生性喜动不喜静，进入翰林院的最初几年，经常"无事出门"。京城刮大风时，曾国藩在家里也坐不住，他深感自己性情浮躁，在日记中批评自己，"如此大风，不能安坐，何浮躁至是！"隆冬时节，菜市口要杀人，有人喊他去看热闹，他"欣然乐从"，后来到半路时内心不安，觉得自己连这样的热闹都要去看，实在是"仁心丧尽"，"徘徊良久"后折返回去了。晚上，他在日记中说，"旷日荒谬至此，尚得为人乎？"但曾国藩勇于改过，不会对自己听之任之，他反思说："平生只为不静，断送了几十年光阴。自志自新以来，又已月余，还如此浮躁！一定要改掉！"

为了学习静的功夫，曾国藩先后向好友唐鉴、冯树堂、吴廷栋请教，自道光二十二年之后，曾国藩每日把静坐视为必做功课，认为"不拘何时，静坐半时，体念来复之仁心"。静坐使他获益良多，曾国藩终于改掉了身上浮躁的毛病。他后来能在大风大浪中镇静自若，宠辱不惊，打仗擅长运用"结硬寨、打呆仗"的方法等，均是从"静"中演化出来的。在作战最艰难的时候，曾国藩身为湘军最高统帅，难免万般焦虑，六神无主。他意识到如此心神不宁，对战事非常不利，因而每当心思急躁时，他便到小楼上静坐半时，以平息心境，从而做出正确的决策。在用兵过程中，曾国藩也有一套"静"字心得。他认为以静制动是最好的计谋。以稳慎为主，不轻易冒险，不轻易变动，先稳住自己的阵脚，然后再随着形势的变化来改变用兵的策略。

治家:教子有道,治家有方

《礼记·大学》强调:“欲治其国者,先齐其家;欲齐其家者,先修其身。”古往今来,官风与家风,治国与治家,总是紧密相连的。对执政者来说,在干好本职工作的同时,也要重视家庭建设,注重家庭、注重家教、注重家风,通过耳濡目染、潜移默化、言传身教,自觉带头树立良好家风,严格要求亲属和身边工作人员,顶住“枕边风”,防止出现“贪内助”“纨绔子”,使家庭真正成为自己拒腐防变、永葆本色的坚强阵地。执政者有了好家风、好作风,才有利于带动社会好风气的形成。

(一)

梁州之人既得竖眼为牧,人咸自贺。而竖眼至州,遇患不堪综理,其子敬绍险暴不仁,聚货耽色,甚为民害,远近怨望焉。(《魏书·傅竖眼列传》)

【译文】

梁州的百姓们因为傅竖眼做自己的长官,都暗自称贺。但是傅竖眼到了梁州后,遇到复杂问题不能总揽管理,他的儿子傅敬绍又险恶残暴,聚敛财货,沉溺美色,严重到成为百姓的祸害,远近之人都怨恨他。

【点评】

傅竖眼是北魏名臣，他才能卓越，功勋卓著，具备了各种高尚的品格和人格魅力。但是他不善于治家，对三个儿子疏于管教，傅敬绍和傅敬和都是贪杯好色、鱼肉百姓之辈，傅敬仲也没有什么出息。特别是傅敬绍，凶残暴戾，聚货耽色，横行霸道，为害百姓，最终谋逆反叛，招致杀身之祸。傅竖眼也因此羞愧而死。傅竖眼教子无方，治家失败，历史对他的评价也因此大打折扣。所以，执政者不仅要坚守自己的高尚人品，还要严于治家教子，并将优秀的治家理念传承下去，才是对社会、对国家最大的担当。

（二）

父兄不可常依，乡国不可常保，一旦流离，无人庇荫，当自求诸身耳。（《颜氏家训》）

【译文】

父亲兄长不能长久依靠，家乡邦国难保永远安定无事，一旦流离失所，就没有人可以庇护自己了，所以人应求助于自己。

【点评】

历史上有许多名臣都注重对子女的严格要求，颜之推堪称官员教育子女的典范。他经历三次亡国，历仕四朝，均身居高官，在晚年作《颜氏家训》，提出了一些切实可行的教育方法和主张。针对当时官宦子弟大都醉生梦死，不学无术，全凭父荫而得官职，无须个人奋斗的社会现实，颜之推通过这一则家训告诫后辈们，即使人有许多看似可靠的外力援助、物质基础，也不应完全依赖于它们，因为世事无常，一旦遭遇不测，就会失去庇护，无从应对，所以人始终要自力更生，只有依靠自己，才能长久立于不败之地。

（三）

侃少为寻阳县吏，尝监鱼梁，以一坩鲊遗母。湛氏封鲊及书责

侃曰："尔为吏，以官物遗我，非惟不能益吾，乃以增吾忧矣。"（《晋书·列女传·陶侃母湛氏》）

【译文】

陶侃年轻的时候当过寻阳县衙的小吏，曾经掌管鱼市的交易。有一次他派人送给母亲一坛腌鱼，湛氏将腌鱼封好退回，并写信责备陶侃说："你身为官吏，把公家的物品赠送给我，这不但不能使我高兴，反而会增加我的忧愁。"

【点评】

陶母是中国四大贤母之一，她"封坛退鲊"的教子故事广为传颂。历史上，贤母对廉吏的教育往往从家庭中的孝进而推延到对国家的忠。她们把公私不分、见利忘义、贪赃枉法看作是不忠不孝的行为，在家庭层面给身为官员的孩子很大的约束。这种家庭教育的结果，必然会让她们的孩子们"入则致孝于亲，出则致节于国；在职思其所司，在义思其所立，不遗父母忧患而已"。明朝的张九韶也称赞道："世之为母者如湛氏之能教其子，则国何患无人才之用？而天下之用恶有不理哉？"

（四）

人之兄弟不和而至于破家者，或由于父母憎爱之偏，衣服饮食，言语动静，必厚于所爱而薄于所憎。见爱者意气日横，见憎者心不能平。积久之后，遂成深仇。所谓爱之，适所以害之也。苟父母均其所爱，兄弟自相和睦，可以两全，岂不甚善！（南宋·袁采《袁氏世范》）

【译文】

兄弟不和睦导致家庭破败的原因，有的是因为父母对孩子的偏爱造成的，无论是衣服、饮食，还是言语、行动，都必然是对偏爱的孩子丰厚和美而对厌恶的孩子寡薄冷淡。受到厚爱的孩子便日益意气骄横，受到厌恶的孩子便日益心生不平。积累的时间长了之后，就会逐渐结成深仇。所谓的爱他，实际上是在害他。倘若父母能把爱平均分给每个孩子，兄弟之间就可以和睦相处，这种两全其美的做法，难道不是很好吗？

【点评】

这句话意在说明父母治家不应有所偏私的道理。在家庭生活中，父母对待子女，应当一视同仁，平均施爱，不可偏爱一方，否则会生出很多弊端。如《左传》中记载的《郑伯克段于鄢》，就是因为郑庄公和胞弟共叔段，在母亲姜氏那里受到了不同等的爱——姜氏因长子庄公出生时难产而厌恶他，却偏爱她的小儿子共叔段。郑庄公继位后，姜氏心怀不满，千方百计地培养共叔段的势力，与共叔段秘密谋划想要取代郑庄公。后来，共叔段谋反失败，自杀身亡。以这样的方式解决兄弟矛盾，代价不是太过沉重了吗？

（五）

京以专政日久，帝眷渐疏。攸权势日盛，与父相辄。由是父子之间各立门户。一日对客，遽握京手，作诊视状曰："大人脉势舒缓，得无不安乎？"明日，使人勒京以疾致仕。（清·丁耀亢《天史》）

【译文】

蔡京因为专政时间太长，受到皇帝的疏远。其子蔡攸则权势日盛，开始与自己的父亲相互倾轧，父子之间各自拉拢党羽，分立门户。有一天，蔡京正在与客人交谈，在身边陪伴他的蔡攸突然伸出手来，给蔡京号脉，然后惊讶地说："父亲，您的脉象舒缓，难道是身体欠安吗？"第二天，蔡攸就指使手下上奏朝廷，以蔡京患病为由迫使他提前告老还乡。

【点评】

蔡京是北宋末年的奸相，他为人凶狠狡诈，玩弄权术，曾长期执掌朝廷大权，作威作福。其子蔡攸深受其影响，骄奢淫逸，贪恋权位，为了独揽大权而与父亲反目为仇，互相倾轧，并以蔡京患病为由迫使朝廷罢免了他的相位。几年后，由于政局的变动，皇上将蔡京及其子孙二十三人全部流放，而骄横一时的蔡攸则被诛杀。蔡京的下场无疑是罪有应得，正是他本身的人品道德存在很大问题，在无形中成为子女的坏榜样，最终给自己和家族带来了毁灭性的后果。

（六）

成性而严师益友不能劝勉，浓赏重罚不能匡正矣。（清·王夫之《读通鉴论》）

【译文】

一旦习惯养成，那么连严师益友都无法劝勉他改正，丰厚的赏赐和重重的惩罚都无法纠正他。

【点评】

这句话指出了启蒙教育的重要性。历代家庭教育中，都有家长教子无方，或凭借家庭权势怂恿、听任子女坏习惯的养成，导致子女长大后恶习积重难返，酿下灾祸。殊不知，正因为孩子小，可塑性很强，家长才应该教他们一些正确的道德观念和行为习惯，一旦孩子们养成不良的道德品质和行为习惯，是很难纠正的。

（七）

风俗之厚薄，不惟其巨，其端恒起于一身一家。（清·张师载《课子随笔·序》）

【译文】

社会风俗的好坏，不是天生那样，它来源于每一个人和每一户人家。

【点评】

这句话点明了家庭教育对社会风气的重要性。作者张师载是清代名臣张伯行之子。他特别重视家庭教育，认为家教能端正社会风气。古人云："天下之本在国，国之本在家，家之本在身。"家庭教育关系整个社会的道德水平和文明风尚。只有千千万万个家庭家风好，子女教育得好，社会风气才会更好。

（八）

吾观乡里贫家儿女，愈看得贱愈易长大；富家儿女，愈看得娇愈难以成器。（《曾国藩教子书》）

【译文】

我看乡里贫贱人家的儿女，越是贱养活越容易成长，富贵人家的儿女，越是小心翼翼地养活越是难以成为有才能的人。

【点评】

晚清名臣曾国藩一生都严于治家，认为严肃的家训和淳朴的家风有益于后代健康成长。他看到社会上“富家子女多娇，贵家子女多傲”的通病，强调对于子女抚养不宜过于娇贵，应该进行严格的要求，提出了“八字家风”等。他希望子女经过“八字家风”的熏陶，成为读书明理、德才兼备的人。曾国藩对家教的重视，使其子女们大多琢玉成器：其子曾纪泽是清末著名外交家，曾纪鸿精于数学，有代数著作数种，孙辈与曾孙也颇多学者名士，没有出过一个纨绔子弟。

司马光的治家之道

司马光是北宋著名的政治家，出生在一个颇具政治经验和学问素养的家庭，他的先辈和堂兄多是好学之士，爱好诗文，整个家族累世聚居，人口众多，却都能和睦相处。族长对内治家有方，宗族间从无间言；对外慷慨尚义，抚恤孤寡。司马光就在这样的家族中成长，受到了良好的家庭教育，让他在自己的家庭中爱妻、敬兄、爱子，并以自身的行为，维持并影响着整个家庭的和谐关系。

北宋士大夫普遍都生活富裕,所以纳妾储妓的风俗并不鲜见,但司马光却是个例外。尽管婚后三十余年,妻子张氏都没有生育,他也没想过要纳妾。张夫人为子嗣之事非常着急,几次三番主动要求为司马光纳妾,都被他拒绝。因为张夫人终身未育,司马光就收养了族人之子司马康为养子。他就与夫人相依为命,白头偕老。张氏去世后,清贫的司马光无以为葬,只好把仅有的三顷薄田典当出去,为她置棺理丧,尽了做丈夫的责任。

司马光对待大哥司马旦也非常恭敬,将兄弟间真挚的友爱之情发挥到了极致。司马旦八十多岁的时候,司马光也已年事不小了,但照料兄长之事从来都是亲自操持,尽心尽力地侍奉,不由仆人代劳。每天吃完饭后,司马光总会去亲切地问候大哥司马旦。天气转凉时,他会对司马旦嘘寒问暖。日日无微不至地照顾,让兄弟之情温馨感人,一时传为美谈。

对于养子司马康,司马光也是教导有方,甚至专门撰写了《训俭示康》作为家训。在家训中,司马光用司马氏家族清白相承的道德观念训诫儿子司马康要发扬俭朴的家风,永不奢侈腐化。在司马光的言传身教之下,司马康自幼便勤奋好学,通晓经史,培养起了严谨的治学态度和深厚的史学功底。同时,司马康在侍奉父母方面也非常孝顺,养母张氏去世后,他悲痛至极,甚至三天三夜都滴水未进。

司马光的治家之道告诉我们,要想使家族成员和睦相处,就一定要从自己做起,不仅要修养身心,也要以身作则,用自己的言行,影响家庭中的其他成员,遵照同样的行为规范,共同经营好整个家庭,然后再去治理社会、国家。

交友:择友而处,择善而交

人在社会上,总要结交朋友,执政者也不例外。从表面看,这似乎是人的生活细节;实质上,它却与人的正邪、与为政的顺逆关系重大。历史上,一些执政者就是在所谓“朋友”“哥们”的围猎中倒下。因此,对执政者来说,在交友时务必要擦亮眼睛,谨慎择友,择善而交,多与良师益友接触,切勿碰“损友”,对趋炎附势、搞歪门邪道的人,要保持高度的警惕,防止被“哥们”和“朋友”用轿子抬着送进监狱。

(一)

故曰与善人居,如入芝兰之室,久而不闻其香,即与之化矣;与不善人居,如入鲍鱼之肆,久而不闻其臭,亦与之化矣。丹之所藏者赤,漆之所藏者黑,是以君子必慎其所与处者焉。(《孔子家语·六本》)

【译文】

所以说与品德高尚的人交往,就像进入充满兰花香气的房间,时间久了就闻不到兰花的香味了,这是因为自己已经与花的香气融为一体了;与品行低劣的人交往,就像进入卖咸鱼的店铺,时间长了就闻不到咸鱼的臭味了,这是因为自己已经与咸鱼的臭味融为一体了。盛放朱砂的容器时间长了会变成红色,盛放大漆的容器时间长了会变成黑色,因此君子必须谨慎选择相处的朋友和环境。

【点评】

这句话通过日常生活中的现象，说明了“近朱者赤，近墨者黑”的道理，告诫人们必须谨慎选择相处的朋友和环境。交友时应保持谨慎的态度，要善择益友，乐交诤友，不交损友，要避免受到品行不端正的朋友的影响或干扰，尤其是要避免其做出对自己有害的事情来。

（二）

孟子曰：“不挟长，不挟贵，不挟兄弟而友。友也者，友其德也，不可以有挟也。”（《孟子·万章下》）

【译文】

孟子说：“交朋友不能倚仗年龄大，不能倚仗地位高，不能倚仗兄弟亲族的势力去结交。交朋友，看重的是对方的品德，不能够有任何倚仗之心。”

【点评】

对于孟子阐述的交友原则，古人可谓有共识。《战国策》就讲了财色不可依仗的道理：“以财交者，财尽则交绝；以色交者，华落而爱渝。”隋代王通的《中说》也说，建立在权势上的“友情”是易变的：“以势交者，势倾则绝；以利交者，利穷则散。”古今同理，不难想见，因权势、利益这些外在因素而走在一起的人，一旦外在环境有所变化——权尽利绝，“交情”就会淡漠，甚至反目成仇。

（三）

生我者父母，知我者鲍子也。（《史记·管晏列传》）

【译文】

生我的是父母，了解我的人是鲍叔牙。

【点评】

这是春秋齐相管仲的肺腑之言，表达了他对鲍叔牙的感激与敬重。对管仲而言，鲍叔牙既是他的伯乐，又是他的知己。他们相知、相助、真诚无私的友谊成为千古“知己之交”的典范。首先，鲍叔牙交友不耻贫贱，管仲贫困潦倒时，他体谅管仲的苦衷，始终善待他，宽容他，这是“真相知”。其次，不以一时成败论贤愚。管仲替他出谋划策不成功时，他能从主客观角度分析原因，对管仲深信不疑，这是“长相知”。最后，患难见真情。当管仲被囚，有杀身之祸时，他不仅解救管仲，还力谏齐桓公任用管仲，自己甘居其下。

（四）

管宁、华歆共园中锄菜，见地有片金，管挥锄与瓦石不异，华捉而掷去之。又尝同席读书，有乘轩冕过门者，宁读如故，歆废书出看。宁割席分坐，曰：“子非吾友也！”（《世说新语·德行》）

【译文】

管宁和华歆一同在菜园中锄草，他们都看见地上有一块金子，但管宁依旧挥动锄头，神情跟看到瓦片石块一样。华歆却把金子捡起来扔掉了。他们曾坐在同一张席子上读书，有个人坐着豪华轿子从门前经过，管宁仍然像原来一样专心读书，华歆却放下书出去观看。于是管宁割断席子与华歆分开坐，并说：“你不是我的朋友了！”

【点评】

这是历史上著名的“割席断交”的故事。管宁之所以割席，表面上只是因为两件小事：华歆拾金及观看豪华车马。但管宁从这两件事中看出了华歆追求功名利禄的心思，这与管宁自己淡泊名利的价值观相冲突，二人并非志同道合之人，所以他才毅然割席，拒绝与华歆再做好友。

(五)

贼既至，谓巨伯曰：“大军至，一郡尽空，汝何男子，而敢独止？”巨伯曰：“友人有疾，不忍委之，宁以我身代友人命。”敌相谓曰：“我辈无义之人，而入有义之国！”遂班师而还，一郡并获全。(《世说新语·德行》)

【译文】

胡人闯进后，对荀巨伯说：“大军到了，全城之人皆逃避一空，你是什么样的人，竟敢独自留下来?”荀巨伯说：“朋友生了重病，我不忍心丢下他，宁愿用我的身躯替代朋友的性命。”胡人相互议论说：“我们这些没有道义的人，却闯入了有道义的国家!”便率军撤回，全城人的生命财产都得到了保全。

【点评】

人的一生不可能一帆风顺，总会遇到一些挫折和风浪，有时甚至是生命危险，这时朋友的关怀和帮助就显得弥足珍贵。生死关头最能考验朋友真情，有人会明哲保身，有人会弃友求生，有人会挺身而出为朋友赴汤蹈火。荀巨伯冒着生命危险也要保护他的朋友，真可谓生死之交！

(六)

道义相砥，过失相规，畏友也；缓急可共，死生可托，密友也；甘言如饴，游戏征逐，昵友也；利则相攘，患则相倾，贼友也。(明·苏浚《鸡鸣偶记》)

【译文】

在道义上互相砥砺，有了过失互相规劝，这便是值得敬畏的朋友；不论是平时还是紧急时刻都能共同面对，生死关头也能彼此托付，这便是关系亲密的朋友；说着像蜜糖一样甜的话，终日嬉戏游荡形影不离，这便是关系亲昵的朋友；见到利益便相互争夺，遇到祸患便彼此倾轧，这便是相互贼害的朋友。

【点评】

苏浚这段话道出了交友的原则，即畏友、密友可交，昵友、贼友不可交。只有与那些道义相砥、生死可托的人交朋友，才能够相互学习、相互激励；反之，与只会说甜言蜜语，游戏玩乐，却见利忘义的人交友，则可能被引入歧途，甚至跌入深渊。

（七）

交友须胜己，似我不如无。（《增广贤文》）

【译文】

一个人所交的朋友应该比自己强，如果和自己一样，那么还不如没有。

【点评】

每个人都希望能和那些有才华的、比自己能力强的人交友，这样会促使自己不断地上进，时刻反省、检查自己，使自己的知识水平和修养层次得到很大提升，同时能激励自己超越对方，这是人的天性之一，被心理学家称为“伙伴效应”。但是，有些人为了凸显自己的能力，通常会选择那些各方面都不如自己的人为同伴，希望处处彰显自己更强，这种不平等的交往只能激发出傲慢之心，非但不能促使自己上进，也会伤害朋友的自尊，会伤了和气。

嵇康托孤山巨源

“嵇绍不孤”是一个成语，说的是魏晋时期，“竹林七贤”中的嵇康被杀时，将自己的儿子嵇绍托付给了山涛（山巨源），并对儿子说：“山公尚在，汝不孤矣。”

嵇康是“竹林七贤”的精神领袖,他对道家、养生、音乐等有着浓厚的兴趣,对官场中的争斗则非常厌恶。当时,司马氏与曹氏在政治上的争斗日趋激烈,而嵇康出于自己是曹氏女婿的身份,在情感上偏向曹氏一边。尽管司马氏也曾想拉拢嵇康,但无奈嵇康就是不肯与司马氏合作。嵇康出身寒门,在当时的社会中拥有很高的声望,他不愿与司马氏合作,也就影响了一批追随他的人拒绝司马氏递送的橄榄枝,所以被司马氏视为眼中钉、肉中刺,欲除之而后快。

虽然同为“竹林七贤”中的重要人物,嵇康与山涛在性情上却有很大的不同。嵇康向往自然,再加上不愿卷入政治争斗,所以超然于世外,不受世俗礼法所拘。山涛却一直有着做官的梦想,希望到官场中实现自己经世济民的伟大志向。就是这样性情迥异的两个人,竟然结下了深厚的感情。这也就可以解释,为什么嵇康在临死前为嵇绍选择的监护人,不是自己的哥哥嵇喜,也不是他一向敬重的阮籍,而是曾一度绝交的山涛,就是因为嵇康与山涛互视对方为知己。

两人的关系是在山涛由选曹郎调任大将军从事中郎后出现的转折。关于这个事件,嵇康的《与山巨源绝交书》中有所交待。嵇康之所以写下这篇《绝交书》,是因为山涛在升任从事中郎的职务后,向当时的司马氏举荐了嵇康,希望任命嵇康担任自己曾担任的选曹郎一职。当听说了这个消息后,嵇康便写信拒绝了山涛的举荐,并申明自己的性情禀赋并不适于世俗礼法的约束,表现出蔑视世俗礼法的强烈感情,同时也抒发出了对山涛的鄙夷和对时局的不满。这也就部分地诠释了“魏晋风骨”的内涵,除了从个人骨子里显现出来的贵族式的、追求诗意生活的态度外,更有对理想不顾一切的坚持。所以,当曾经交往最深、伤害也最深的朋友——嵇康在被杀头之时,将嵇绍托付给自己的时候,山涛坚持了心中的信念,从嵇康的手中接过了抚养嵇绍的重任,视嵇绍如自己亲生儿子,将嵇绍养大成人并举荐给晋武帝。山涛用自己的行动,诠释了朋友之间的责任和道义,让嵇绍失去父亲之后,仍能获得慈父般的关怀和教导。山涛与嵇康之间的这段托孤故事,也在历史上成为浓墨重彩的一笔,成为千古传颂的佳话。

自省：一日三省，有过必改

自省是一种能力，它通过自我评价、自我反省、自我调控和自我教育来实现自我提升。儒家特别强调自我反省的行为价值，认为自我反省可以延伸和影响到与他人与社会的关系中去。可见自省不只是封闭行为，还具有开放效应。自省应该从思想上自省，要时刻不忘加强对自身世界观、人生观、价值观的改造；从岗位责任上自省，做到忠诚履职，尽职尽责，用好手中的权力；从做人处事上自省，先做人，再做事，后做官；从日常生活上自省，从小事、从细节上做起，洁身自好，防微杜渐。

（一）

子贡曰："君子之过也，如日月之食焉。过也，人皆见之；更也，人皆仰之。"（《论语·子张》）

【译文】

子贡说："君子的过错，就好像日食和月食一样。他犯了错，人们都能看得见；他改正过错，人们仰头也能看得见。"

【点评】

君子是受世人敬仰的人，他的人品和事迹像太阳和月亮一样，让人们看得分明，成为人们前进的重要指引。所以，君子一旦犯错，就会像发生了日食和月食一样，被遮住了光芒，所犯的过错也会像突然降临的黑暗一样明显。当君子改正了过错，就会像日食和月食过后，太阳和月亮重放光芒一样，重新受到人们的注视和仰望。从这个意义上说，君子是有着非常重大的示范作用的，如果执政者也能认清楚自己的角色和由此而来的示范作用，用自己的行动赢得人们的信任，也就能进而获得人们的支持和拥护，得到人们的敬仰和顺从了。

（二）

曾子曰："吾日三省吾身：为人谋而不忠乎？与朋友交而不信乎？传不习乎？"（《论语·学而》）

【译文】

曾子说："我每天多次地反省自己：为别人办事尽心了吗？与朋友交往诚实吗？老师传授的学业熟习了吗？"

【点评】

"自我反省"问题在《论语》中经常出现，孔门弟子经常被要求自觉反省自己的行为，通过加强个人的道德修养，纠正个人在言行举止方面的错误，从而最终达到理想的人格。这种强调自觉修行的道德修养方式，即使在今天也具有积极的借鉴意义。

（三）

君子改过，小人饰非；改过终悟，饰非终迷；终悟福至，终迷祸归。（北宋·邵雍《迷悟吟》）

【译文】

君子善于改正过错，小人善于掩盖是非；改正过错终将觉悟，掩盖是非终将迷乱；最终觉悟的将得到福气，最终迷乱的将遭遇祸患。

【点评】

善于改正过错的君子也善于反省自己，善于反省自己就能从过错中总结经验教训，避免再犯同样的错误，如此便能获得人格上的提升，所以君子能最终获得福气；善于掩盖是非的小人会逐渐迷失自己，自我迷失的结果必然会遭遇祸患。如果执政者能像君子那样知错就改，而不是像小人那样出现了过错就只知道掩饰，社会便能保证和谐局面，国家便能长久繁荣。

（四）

惟以改过为能，不以无过为贵。（《资治通鉴·唐纪》）

【译文】

只有以改正自己的过错为能事的，没有以自己没有过错为可贵的。

【点评】

传统思想认为，相比于“无过”，能“知错”并“改过”才是最值得拥有的高贵品格。面对过错，可能很多人都会因为爱面子，或是不想接受可能带来的惩罚，所以试图努力掩饰过错、隐瞒过错，甚至会为了掩饰过错而犯下更大的过错，构成犯罪。一个人犯下过错而能及时承认过错、改正过错，不管他是什么身份，担负着什么样的角色，都是值得被肯定和赞赏的。

（五）

夫过者，自大贤所不免，然不害其卒为大贤者，为其能改也。故不贵于无过，而贵于能改过。（明·王守仁《教条示龙场诸生》）

【译文】

至于过失，即使是大贤之人也不是完全没有过错的，然而这并不妨碍他最后成为大贤之人，这是因为他能知错就改。所以不应以没有过错为可贵，而要以知道过错后能自觉改正为可贵。

【点评】

任何人一生中都不可能不犯错，即使是大贤的人也会犯错，如孔子、孟子这样的圣人也曾犯下过错，但因为他们能知错就改，所以即便他们曾犯下很大的错误，也不妨碍被后人尊为圣贤。这便说明了一个道理，要成为一个成功的人，不在于自己有没有犯过错误，而在于知道犯错后对待过错的态度。人们常说“失败是成功之母”，其实就是说，能在所犯的过错中吸取教训，避免再犯同样的错误，就是向成功又迈进了一步。

（六）

知过能改，便是圣人之徒；恶恶太严，终为君子之病。（清·王永彬《围炉夜话》）

【译文】

知道自己的过错并能及时改正，便是圣人的弟子；攻击恶人太过于严厉，最终将成为君子的缺点。

【点评】

“知过能改”其实是在强调两个方面的内容：一是“知过”，二是“能改”。“知过”是在自我反省的过程中，参照判断对错的标准，发现自己过往行为中的对与错，而“能改”则是说在知道了错误之后的行为和态度。值得注意的是，只有能彻底改正的才算是“能改”，任何在“改正”过程中偷工减料的行为，都不算是“能改”。所以“知过能改”并不是一件简单的事情，它需要很大的勇气和毅力。

闻过则喜,知过不讳

自古以来,“闻过则喜”一直被作为为人处世的至高境界,出自《孟子·公孙丑上》:“子路,人告之以有过则喜。”意思是说,子路听见别人指出自己的过错就很高兴。在中国古代历史上,唐太宗李世民便是一位

"闻过则喜"的帝王。

唐朝建国后,唐太宗李世民经常与大臣们讨论隋灭亡的历史教训。他认为,隋炀帝残暴而拒谏,最终使得臣子们都不敢直谏,所以他要求大臣们"为朕思隋氏灭亡之事,朕为公等思晁错之诛"。也就是说,保证不重蹈隋灭亡的覆辙,不犯汉景帝冤杀晁错那种错误。

开国之初,唐太宗下令把洛阳破败了的乾元殿修缮一番,以作为出游巡视时的行宫。但是,有一个叫张玄素的小官却上了一道奏折:"修了阿房宫,秦朝倒了;修了章华台,楚国崩了;修了乾元殿,隋朝亡了。现在国家刚刚建立,百废待兴,国力哪里比得上当年的隋朝?陛下不考虑百姓的疾苦,竟耗费亿万钱财,大兴土木,陛下这是没有继承前代帝王的优点,却继承了前代帝王的弊端。"

唐太宗读过奏章后立即下令召见张玄素,问道:"卿说我不如隋炀帝,那我和夏桀、商纣相比,怎么样呢?"张玄素直截了当地说:"如果陛下真的修了乾元殿,那就和夏桀、商纣一样昏乱。"唐太宗听后被深深地触动了,立即打消了重修乾元殿的念头。

也正是因为唐太宗有这样的难得品质,一大批有卓越才能的人才聚集在他的周围,共同创造了"贞观之治"的盛世局面。

但历史上也有不少反面的例子,不能"闻过",更别说听到别人指出自己过错会喜悦了。

三国时候的袁绍是个"外宽而内狭"的人,受不得别人说他的过失,更不是一个"闻过则喜"的人。官渡之战前,他的谋士田丰曾劝阻他,希望他不要"兴不义之师",结果他不但不听劝告,反而将田丰关进监牢。田丰的预言被最后的战争结果验证了,袁绍果然在官渡败给了曹操,最后实力大损地回到了邺城。但田丰也没有得到饶恕,最后还是被袁绍下令杀死了。田丰死后两年多,袁绍在平定冀州的叛乱后,发病而死,因为他的两个儿子势均力敌,彼此又不肯相让,最终被曹操各个击破。袁绍曾努力经营的北方四州,最终全部落到了曹操的手里。

忠恕：己所不欲，勿施于人

“忠恕之道”是孔子待人的基本原则，是一个问题的两个方面。“忠”是从积极的方面说，也就是孔子在《论语·雍也》中说的“己欲立而立人，己欲达而达人”，自己想有所作为，也尽心尽力地让别人有所作为。“恕”是从消极的方面说，也就是孔子在《论语·卫灵公》中说的“其恕乎！己所不欲，勿施于人”。自己不愿意做的事，也不要强加给别人。总之，“忠恕之道”就是人们常说的将心比心，推己及人，自己想这样，也要想到可能别人也想这样；自己不想这样，也要想到可能别人也不想这样。如果人人都有“忠恕”的思想，多站在别人的立场和角度看待问题，人与人之间就会有更多的宽容和理解。

（一）

子贡曰：“如有博施于民而能济众，何如？可谓仁乎？”子曰：“何事于仁？必也圣乎！尧舜其犹病诸。夫仁者，己欲立而立人，己欲达而达人。能近取譬，可谓仁之方也已。”（《论语·雍也》）

【译文】

子贡问：“假如有一个人，他能给百姓很多好处，又能周济大众，怎么样？可以算是仁人了吗？”孔子说：“岂止是仁人，简直算是圣人了！就连尧、舜尚且难以做到这一点呢。至于仁人，就是想要自己站得住，也要帮助别人一同站得住；希望自己过得好，也要帮助别人一同过得好。凡事能就近以自己作比而推己及人，可以说就是实行仁的方法了。”

【点评】

“己欲立而立人，己欲达而达人”是孔子关于“仁”的重要思想，在他看来，能做到“推己及人”的人，才算是“仁人”。真正的仁者，在想要成就自己的同时会想着成就别人，成就了别人也就成就了自己。然而现实生活中，很多人都期盼用别人的失败来凸显自己的成功，不为对方帮倒忙就不错了，更不要提去成就别人。有这种狭隘思想的人，注定成不了大事，即使成功了也是偶然的，不能长久。

（二）

子贡问曰：“有一言而可以终身行之者乎？”子曰：“其恕乎！己所不欲，勿施于人。”（《论语·卫灵公》）

【译文】

子贡问道：“有没有一个字可以终身奉行的呢？”孔子回答说：“那大概是‘恕’吧！自己不愿意的，不要强加给别人。”

【点评】

“己所不欲，勿施于人”是“推己及人”的另一种表述方式，是一种高尚的人格修养，也是富有同理心的表现。所谓“推己及人”，也就是自己希望怎样生活，就想到别人也会希望怎样生活；自己不愿意别人怎样对待自己，就不要那样对待别人；自己不愿承受的事情，也不要把它强加在别人头上。据说在国际红十字会总部，就悬挂着孔子“己所不欲，勿施于人”的语录。

（三）

子曰：“参乎！吾道一以贯之。”曾子曰：“唯。”子出，门人

问曰："何谓也？曾子曰："夫子之道，忠恕而已矣。"（《论语·里仁》）

【译文】

孔子说："曾参啊！我的学说贯穿着一个基本思想。"曾子说："是。"孔子出去以后，学生们问曾子说："老师的话是什么意思呢？"曾子说："老师的学说，就是'忠''恕'两个字罢了。"

【点评】

这段孔门师徒的回答，把孔子的仁学思想归纳为"一以贯之"的"忠恕之道"。朱熹对"忠恕"的解释为："尽己之心为忠，推己及人为恕。"简而言之，"忠恕之道"即前面所说的"己欲立而立人，己欲达而达人"和"己所不欲，勿施于人"。"忠恕之道"不仅指明了社会中人与人相处的基本道德准则，而且对于促进社会和平安宁也具有重要的现实意义。

（四）

子贡曰："我不欲人之加诸我也，吾亦欲无加诸人。"子曰："赐也，非尔所及也。"（《论语·公冶长》）

【译文】

子贡说："我不想让别人强加于我，我也不想强加于别人。"孔子说："赐啊，这不是你能做得到的。"

【点评】

子贡说的话，其实就是孔子的"忠恕之道"。孔子坦率地指出，子贡还没有达到如此高的思想境界，从而勉励子贡加强修养，努力朝这个方向去做。子贡是孔子的得意弟子，在修养上尚不能得到孔子的完全认可，可以看出，"忠恕之道"确实是说起来容易做起来难。

（五）

孟子曰："人皆有不忍人之心。先王有不忍人之心，斯有不忍人之政矣。以不忍人之心，行不忍人之政，治天下可运之掌上。"（《孟子·公孙丑上》）

【译文】

孟子说："每个人都有怜悯体恤别人的同理心。古代圣王由于有怜悯体恤别人的同理心，所以才有怜悯体恤百姓的政治。执政者用怜悯体恤别人的同理心，施行怜悯体恤百姓的政治，治理天下就可以像在手掌心里面运转东西一样容易了。"

【点评】

"忠恕之道"也是治天下之道。圣明的执政者推己及人，体谅百姓：己不欲饥寒、劳苦、衰乏，则知天下人欲衣食、安逸、富足。由此，己所不欲，勿施于民，使人民都能得到衣食、安逸、富足，于是便可以"不降席而匡天下"。孟子的"以不忍人之心，行不忍人之政，治天下可运之掌上"，说的就是这个道理。

（六）

庾公乘马有的卢，或语令卖去。庾云："卖之必有买者，即复害其主，宁可不安己而移于他人哉！"（《世说新语·德行》）

【译文】

庾亮驾车的马中有一匹的卢马，有人劝他把马卖掉。庾亮说："卖它，必定有买它的人，那就还要害那个买主，怎么可以因为此马对自己不利就转嫁给别人呢！

【点评】

庾亮具有"恕"的高尚品质，他明白"己所不欲，勿施于人"的道理，在做事时能够推己及人，换位思考，将心比心，明知道的卢马向来有"妨主”的说法，自己不愿意受到伤害，因此不愿意将伤害转嫁给他人。庾亮最终没有卖的卢马，只是自己养着，不骑它。

（七）

汝父为吏，尝夜烛治官书，屡废而叹。吾问之，则曰：“此死狱也，我求其生不得尔。”吾曰：“生可求乎？”曰：“求其生而不得，则死者与我皆无恨也；矧求而有得邪，以其有得，则知不求而死者有恨也。夫常求其生，犹失之死，而世常求其死也。（北宋·欧阳修《泷冈阡表》）

【译文】

你父亲做官时，曾经在夜里点着蜡烛看刑事案卷，他多次停下来叹气。我问他原因，他回答道：“这是一个判了死罪的案子，我想为他求得一条生路却办不到。”我说：“可以为死囚找生路吗？”他说：“想为他寻求生路却无能为力，那么，死者和我也就都没有遗憾了，何况是寻求生路而又能办到呢？正因为有得到赦免的罪人，才知道不认真推求而被处死的人可能有遗恨啊。经常为死囚求生路，还不免错杀；偏偏世上总有人想置犯人于死地呢？”

【点评】

欧阳修之父的做法是儒家“忠恕”之道的践行。“忠”是尽己之心，从自我出发，尽心竭力为人谋。欧阳修之父明白生命可贵，因而在看案卷时努力为死囚寻求生路，这便是“忠”。“恕”是如人之心，发散出去、换位思考。人人都珍爱自己的生命，但欧阳修之父的可贵之处在于他能推己及人，重视死刑犯的生命，不愿死者留下遗恨，这便是“恕”。相形之下，那些一心想着政绩，想方设法置人于死地的官吏，必然没有“忠恕”之心。

（八）

范文正公守邠州，暇日率僚属登楼置酒，未举觞，见缞绖数人营理葬具者。公亟令询之，乃寓居士人卒于邠，将出殡近郊，赗敛棺椁皆所未具。公怃然，即彻宴席，厚赒给之，使毕其事。坐客感叹有泣下者。（北宋・王辟之《渑水燕谈录》）

【译文】

范仲淹在邠州做太守时，闲暇的时候带领部属登上城楼准备酒宴，还没有举起酒杯，范仲淹看见几个穿着丧服的人正在装殓丧葬品。他急忙派人去询问，原来是客居在外的读书人死在了邠州，将要埋葬在邻近的郊外。下葬时，入殓的衣服和棺材都还没有备齐。范仲淹很怅然，立即撤掉了酒席，给予他们重金救济，让他们能完成装殓之事。在座的客人因此而感叹甚至有流下眼泪的人。

【点评】

北宋名臣范仲淹是一代大儒，他一生都用行动实践着“忠恕”之道。这件在闲暇聚会时发生的小事，是他践行忠恕之道的一个缩影。范仲淹得知一个读书人客死他乡，且无钱下葬，因而心中失意，不再宴饮，这体现了如人之心的“恕”。又给着丧服之人重金救济，使读书人得以下葬，这体现了尽己之心的“忠”。

（九）

操获全胜，将所得金宝缎匹，给赏军士。于图书中检出书信一束，皆许都及军中诸人与绍暗通之书。左右曰：“可逐一点对姓名，收而杀之。”操曰：“当绍之强，孤亦不能自保，况他人乎？”遂命尽焚之，更不再问。（《三国演义》）

【译文】

曹操大获全胜，将所获得的黄金和绸缎都赏赐给士兵。他在图书中搜出一沓书信，内容都是许都和军队的将士与袁绍私下的交往。曹操的亲信说：“我们可以逐一查看名字，收押后杀掉这些人。”曹操说：“以袁绍当时的强大，我也不能保全自身，何况其他人呢?”就命令把这些书信全部焚烧，此后不再过问此事。

【点评】

曹操在处理书信事件中，能够推己及人，推想别人之心，量度他人之苦，体现出忠恕之道的“恕”。他从实际情况出发，站在了暗通袁绍的那些部将的角度上换位思考，认为在当时敌我实力悬殊的情况下，即便是自己也会做出保全自身的选择，何况其他人。曹操此举让那些曾经暗通袁绍的人安心，进而对曹操感恩戴德，以死相报。

大禹以四海为壑,白圭以邻国为壑

“大禹治水”的故事家喻户晓。舜时天下洪水泛滥,禹临危受命,带领天下人投入治水的事业中。在治水过程中,禹三次路过自己的家门,都很想推门进去见见久别的妻子,然而一想到天下苍生正在遭受苦难,高度的责任感让他立刻打消了这种私心杂念。禹一改他的父亲鲧治水时采用堵塞的办法,采取了疏导的办法,经过十三年的奋战,终于疏通了九条大河,将洪水导入大海,彻底消除了水患。

战国时候,有个叫白圭的人,跟孟子谈起这件事,大言不惭地说:“我治水的办法比大禹要好。”孟子毫不客气地说:“你错了。大禹治理水患,是顺着水的本性疏导,所以将洪水导入四海。如今你却把水注入邻近的国家去。水逆流而行叫作洚水——洚水就是洪水——有仁德的人是不会这么干的。你太过分了!”这就是成语“以邻为壑”的由来。

将大禹治水和白圭谈治水两个故事对比来看,白圭治水时只为本国着想,对邻国百姓的生命财产置之不顾,这种“己所不欲,即施于人”的思想,必须予以批判;大禹治水是为了彻底消除水患,把洪水引入大海,历尽艰辛,因公忘私,这种以天下苍生为念的推己及人的仁者精神,是非常值得学习和效法的。

谦让：温和礼让，泰而不骄

谦让是中华民族的传统美德，也是一个人应具备的基本品德，在人际交往过程中，当与他人的利益发生矛盾和冲突时，在不违背原则的前提下，应以一种谦逊礼让的态度来化解矛盾。谦让包含着对他人的理解、仁爱、宽容和尊重，也包含着对自己的严格要求、自我约束和自我克制。谦让对人们的日常生活和人际交往具有重要意义，同时也是社会得以凝聚的一个重要因素，有利于形成友善、和谐的人际关系和良好的社会环境。

（一）

赵姬请逆盾与其母，子余辞。姬曰：“得宠而忘旧，何以使人？必逆之。”固请，许之。来，以盾为才，固请于公，以为嫡子，而使其三子下之，以叔隗为内子，而己下之。（《左传·僖公二十四年》）

【译文】

赵姬请求迎接赵盾和他的母亲，赵衰辞谢不肯。赵姬说：“得到新宠而忘记旧好，以后还怎样使用别人？一定要把他们接回来。”于是赵姬坚决请求，赵衰同意了。叔隗和赵盾回来以后，赵姬认为赵盾有才，坚决向赵衰请求，把赵盾作为嫡子，而让她自己生的三个儿子居于赵盾之下，让叔隗作为正妻，而自己居于她之下。

【点评】

赵姬是春秋时期晋文公之女，晋大夫赵衰之妻，她为人知书达理、深明大义，谦让恭敬。赵姬从家、国的长远利益考虑，放弃自己的正妻之位和儿子的嫡子之位，实在是难能可贵。她的谦让不仅赢得了赵盾对她的敬重与孝顺，更对赵氏家族和晋国产生了极大的影响。正因赵姬肯让嫡立贤，使赵盾得以以赵氏嫡长子的身份接替父亲赵衰之位进入晋国政坛，赵盾凭借着他过人的才智，提升了赵氏一族的名望与权势，并维护了晋文公开创的霸业。赵姬的谦让美德也令她名留青史，受后人敬佩。

（二）

子曰："当仁，不让于师。"（《论语·卫灵公》）

【译文】

孔子说："在担当实现仁道的重任时，即使是对自己的老师，也不能谦让。"

【点评】

孔子特别重视师生关系的和谐，强调师道尊严。但是，他又强调，在仁德面前，即使是面对老师，也不要谦让。可见，谦让作为具体的道德规范之一，并非是无限制、无条件的，可以为成仁而让，也可以因违仁而不让。既谦恭礼让，又当仁不让的文化精神才是君子理想人格的体现。战国时期的蔺相如就是这样一个君子，渑池之会上，蔺相如寸步不让，力逼秦王击缶，以生命维护赵国尊严。渑池之会后，他被封为上卿，位在廉颇之上，面对廉颇的挑衅，他又一再容忍谦让，成就了"将相和"的美谈。

（三）

彼以让饰争，依乎仁而蹈利者也，小人之杰也。彼固曷足称乎

大君子之门哉？（《荀子·仲尼》）

【译文】

他们是以谦让来掩饰争夺，依靠仁爱之名来追名逐利的人，是小人中的佼佼者。那些人怎么能够在伟大的孔圣人门下受到称道呢？

【点评】

荀子推崇谦让的品德，但对于那种以谦让来掩饰争夺，名利兼求的虚假谦让，他深恶痛绝。战国时期燕王哙就因贪图禅让的美名，将国家禅让给国相子之。结果不但没有出现像儒家所宣传的人民归顺、以德王天下的结果，禅让才三年，燕国便大乱。就连宣扬尧舜禅让的孟子也将燕王比作离经叛道的纣王，并坚决主张齐国出兵讨伐燕国，在诸侯与国人的共同声讨下，禅让闹剧以丧位人亡而告失败。可见，真正谦让的人，美名自然会到来；而虚假的谦让，不过是在玩弄权术。

(四)

九年，公子光伐楚，拔居巢、钟离。初，楚边邑卑梁氏之处女与吴边邑之女争桑，二女家怒相灭，两国边邑长闻之，怒而相攻，灭吴之边邑。吴王怒，故遂伐楚，取两都而去。（《史记·吴太伯世家》）

【译文】

吴王僚九年（前518年），公子光征伐楚国，攻下楚国的居巢、钟离二城。当初，楚国边城卑梁氏有少女与吴国边城女子争抢采摘桑叶，两个女子的家人气愤之下互相攻杀，两国边邑的官长听说后，一怒之下也互相进攻，结果吴国边邑被灭掉。吴王闻之大怒，于是讨伐楚国，攻取居巢、钟离二城而还。

【点评】

因为最初的几片桑叶，竟然引发了两国之间的战争，实在荒唐！这正是由于双方之间不能相互忍让，使小冲突不断升级，演变为大战祸。今天类似这样的事件也屡见不鲜。现实生活中难免会发生一些纠纷，这些纠纷能否得到解决，取决于矛盾双方的态度。如果双方都能懂得谦让，各退一步，互相理解，就能化解冲突，大事化小，小事化了。

（五）

太史公曰："孔子言：'太伯可谓至德矣，三以天下让，民无得而称焉。'"（《史记·吴太伯世家》）

【译文】

太史公说："孔子说过：'太伯可以说是道德的巅峰，三次把天下让给别人，百姓都不知用什么言辞来称赞他才好。'"

【点评】

太伯是周部落首领古公亶父的长子。因父亲有意传位于三子季历，为了成全父亲，他与二弟仲雍一起逃奔到荆蛮之地，文身断发，以表示不可以继承君位，来避让季历。太伯之让集中体现了先秦儒家倡导的"礼让"，自古以来，王权的诱惑极易引发王族兄弟间的自相残杀。如九合诸侯、一匡天下的齐桓公在尸骨未寒的情况下，其五子争立相杀，竟无暇葬父，以致齐桓公的尸虫都从门里爬了出来。相形之下，太伯让位，表现出了极其崇高的政治品格。

（六）

坐定，公子从车骑，虚左，自迎夷门侯生。侯生摄敝衣冠，直上载公子上坐，不让，欲以观公子。公子执辔愈恭。（《史记·魏公子列传》）

【译文】

大家来齐坐定之后，公子就带着车马以及随从人员，空出车子上的左位，亲自到东城门去迎接侯生。侯生整理了一下破旧的衣帽，就径直上了车子，坐在公子空出的尊贵座位上，丝毫没有谦让的意思，想借此观察一下公子的态度。可是公子手握马缰绳更加恭敬。

【点评】

信陵君贵为魏国公子，隐士侯嬴不过是都城大梁夷门的守门人，但信陵君仰慕其贤，不仅亲自去迎接他，还空出左边的尊位给他，表示对他的尊敬。可见，信陵君礼贤下士，具有谦让的美德，不因自己身份高贵而慢待士人。也正因如此，他门下的食客竟有三千多人。因为信陵君对贤士谦恭，贤人多为其所用，所以诸侯有十几年不敢兴兵谋魏。

（七）

东曹掾杨戏素性简略，琬与言论，时不应答。或欲构戏于琬曰："公与戏语，而不见应，戏之慢上，不亦甚乎！"琬曰："人心不同，各如其面；面从后言，古人之所诫也。戏欲赞吾是耶，则非其本心；欲反吾言，则显吾之非，是以默然，是戏之快也。"（《三国志·蜀书·蒋琬传》）

【译文】

东曹掾杨戏平时待人简慢，蒋琬与他谈话，（杨戏）有时不理不应。有的人想要在蒋琬面前陷害他，说："您与杨戏说话，他不理不睬，杨戏对上怠慢，不也太过分了吗？"蒋琬说："人的心性不同，和人的容貌一样千差万别，表面赞同，而背后非议，这是古人所警诫的。杨戏想要赞成我是对的，却不是他的本心；想反驳我的话，又暴露了我的错误，所以（他）默然不语，这正是他的爽快。"

【点评】

谦让的美德难能可贵，不仅需要有宽阔的胸襟，还需要学会换位思考，站在他人的立场上考虑问题，在面临矛盾冲突时就能自然而然地对他人多一分礼让，不会使矛盾扩大化。

（八）

臣光曰：“昔鲍叔之于管仲，子皮之于子产，皆位居其上，能知其贤而下之，授以国政，孔子美之。”（《资治通鉴·唐纪》）

【译文】

臣下司马光评论道：“古时齐国的鲍叔牙对于管仲，郑国的子皮对于子产，都是前者职位在后者之上，却因为了解后者的贤能而甘居其下，将治理国家的大权交给他们，这种做法受到了孔子的赞赏。”

【点评】

自古以来，让贤都被认为是一种不可多得的美德，这些能让贤的明臣互敬互让、各尽其能，以国家的利益为重，不仅软化了利益之争，同时又能有效地推荐德才兼备的政治人才，对于国家的发展意义重大。他们与那些嫉贤妒能、陷害同僚的臣子如庞涓、李斯等形成了鲜明的对比。

（九）

古人有言：“终身让路，不失尺寸。”老氏以“让”为宝，左氏曰：“让，德之本也。”（清·张英《聪训斋语》）

【译文】

古人说：“一生谦让的人，结果不会有任何损失。”老子把礼让当宝，左丘明也说：“谦让是道德的根本。”

【点评】

张英是清代大学士，张廷玉之父。他推崇为人礼让，纵观其为人处世，其核心精神和最终落脚点便是“礼让”“廉俭”二端。晚年居乡时，他从不以宰相自居，仅以一位山间老人身份与百姓交往。遇到担柴人，便退立道旁，主动让路，给人方便。而有关他“六尺巷”的让墙故事，则更是为世人称道。

谦让息争,骄横招祸

韩琦是北宋名相,他虽身居高位,但为人谦让,从不与同僚争口舌之利。有一年,韩琦与王拱辰、叶定基共同在开封府主持科举考试。王拱辰和叶定基经常因评卷争论不休,谁也不服谁,韩琦却能气定神闲地阅卷,从不搭言,就像根本没有听到一样。王拱辰自认为有理,对韩琦的态度很不满,生气地对他说:"难道你来这里是来修身养性的吗?"韩琦听到了,马上起身,和颜悦色地向他认错。王拱辰的责问像是一拳打在棉花上,对韩琦再也发不起火来了。

相比韩琦,清朝权臣索额图则是一个鲜明的反例。索额图是满洲贵族,是康熙年间的权臣,同时也是孝诚仁皇后的叔父,世袭一等公。索额图生性乖张,常常凭借自己是皇后的叔父,世代尊贵,对待士大夫们一向无礼,毫不谦让,甚至把康熙皇帝的宠臣高士奇也不放在眼里。

高士奇家道贫困,但长于诗文书法,曾被推荐给索额图,被索额图留在自己府中做事。因为高士奇在地位上相当于自己家中的奴才,所以索额图对他态度傲慢,随意支使。后来,高士奇获得了康熙皇帝的破格提拔,官位日渐攀高,但索额图仍然以对待门下布衣的态度对待高士奇。据说,高士奇每次拜见索额图时,索额图依然直呼其名,不让他坐下来,甚至仍然会让高士奇像奴才在主子面前奏事那样,跪在地上向自己禀告事情。碰上不顺心的事情,索额图还会咬牙切齿地痛骂高士奇,言谈间甚至会侮辱高士奇的父母和妻儿。高士奇怀恨在心,就背叛了索额图,投靠到索额图的死对头纳兰明珠手下,与其一起搜罗索额图的罪证,最终致使索额图被康熙皇帝圈禁至死。如若索额图能对高士奇多一些温和礼让,可能就不至于落到如此悲惨的地步。

心正：光明磊落，胸怀坦荡

修身，最重要的就是修心，因为一个人的行为方式和行为效果都是由“心”决定的，心思、意念是一个人为人做事的出发点。人们常说做人难，其实是难在如何光明磊落、胸怀坦荡，因为有时人们会迫于外界压力做出“一失足成千古恨”的事情来。须知，心正则行正，行正则事成；心邪则行诡，行诡则事败。执政者只有将“心”修炼好，才能做到“心正”，才能光明磊落、问心无愧地为国家和人民做正确的事情。

（一）

心无他图，正心在中，万物得度。（《管子·内业》）

【译文】

心里没有所图谋的，在身体中端正自己的心，对待万物就能保持在合理的范围内。

【点评】

心有图谋是人们正常的欲念，也是推动社会发展的必要力量。但欲念有好坏之分，好的欲念有益于自身和社会的发展，坏的欲念则只会害人害己。保持心思刚正、不偏邪，才能在对待万物时有正确的判断标准，才能对欲念有适当的抑制，使欲望不会过度膨胀。作为执政者，在现实生活中会面对许多诱惑，如果能始终保持一颗刚正的、为人民服务的“初心”，就能对金钱、地位有正确、合宜的把握，从而正确、合理地运用手中的权力，多做有益于人民的事情，便不会为所欲为了。

（二）

仰不愧于天，俯不怍于人。（《孟子·尽心上》）

【译文】

上不愧对于天，下不愧对于人。

【点评】

人的一生会寻求许多东西，如金钱、名誉、地位等，这些东西无所谓对错，追求这些东西的欲望也无所谓对错，但获得这些东西的方式却有对错之分。只要心里坚守正义，通过正当的方式获得，能无愧于天、地、人，就不会产生什么遗憾了。如果执政者能做到对人对事心胸坦荡、问心无愧，就会得到百姓的拥护。

（三）

欲修其身者，先正其心；欲正其心者，先诚其意。（《礼记·大学》）

【译文】

想要进行自我修身，首先要端正自己的思想；想要端正自己的思想，先要让自己心怀诚意。

【点评】

心怀诚意是一切事情取得成功的基础，正所谓“精诚所至，金石为开”，对某件事情只有想法而没有付诸行动的诚意，则所思所想也只能停留在想法上，没有实现的可能。就像执政者制定政策，虽然出发点是希望让百姓多得益处，但诚心不足，没有付诸实际行动以落实，或者在政策实施的过程中从中牟利，就会误国害民。所以，执政者想要做对国家、人民有益的事情，首先需要从根本上端正自己的心思和意念，正心诚意。

（四）

所谓修身在正其心者，身有所忿懥，则不得其正；有所恐惧，则不得其正；有所好乐，则不得其正；有所忧患，则不得其正。心不在焉，视而不见，听而不闻，食而不知其味。此谓修身在正其心。（《礼记·大学》）

【译文】

所说的修身养性在于端正自己的心智，是因为心有愤怒，就不能端正；心有恐惧，就不能端正；心有喜好，就不能端正；心有忧虑，就不能端正。心智不端正就像心不在自己身上一样，在看却什么都看不见，在听却什么都听不见，在吃却不知道食物是什么滋味。这就是所说的修身养性必须先端正自己的心智。

【点评】

喜怒哀乐等都是人不可缺少的情感表达方式，也就是通常所说的情绪。如果我们不能自我省察，任情绪左右自己的行为，就会迷失方向。但是，“正心”并不是说要摒弃喜怒哀乐等情绪，也不是要绝对禁绝自己的欲望，而是要用理智来克制、驾驭情感表达，使心不被情欲困扰，使各种情绪的表达控制在合理的范围内，从而能够适度、合宜地做事情。

（五）

后二日，复试诗、赋、论，殊奏：“臣尝私习此赋，请试他题。”帝爱其不欺，既成，数称善。（《宋史·晏殊传》）

【译文】

两天之后，又进行诗赋策论的复试。（接到题目后）晏殊奏道：“我曾经做过这样的文题，请换其他题目考我。”皇帝喜爱他诚实的品格，等到他写完文赋，多次称道此文。

【点评】

晏殊是北宋词人，官至宰相，为人光明磊落，胸怀坦荡。在进士复试时，他能坦诚说出自己做过这道考题，请求更换试题，可见其光明磊落。晏殊一生都有如此胸襟。晏殊当值时，皇帝因为群臣经常游玩饮宴，只有晏殊闭门读书而提升他做太傅，面对这样的提拔，晏殊依然向真宗坦诚说自己也喜欢游玩饮宴，只是苦于家贫而已。其为人坦荡，可见一斑。

（六）

守身必谨严，凡足以戕吾身者宜戒之；养心须淡泊，凡足以累吾心者勿为也。（清·王永彬《围炉夜话》）

【译文】

持守节操必须谨慎严格，那些足以损害个人操守的行为都应该戒除；修养心胸必须淡泊明志，那些足以劳累个人心灵的事都不要去做。

【点评】

现实中，有些不端正的行为虽然能换来富足风光的生活，但也会毁掉做人的尊严，使人失去自己的本心，所以只有谨慎严格地保持个人操守，端正自己的行为，节制内心的欲望，才能以坦荡的方式获得名声、地位、金钱等东西。对于执政者来说，由于手握权力，更应该谨慎、严格地对待自己的行为，修养自己的胸怀，摆正自己的心态，在名利、地位面前守住自己的本心，才不会走上歧途。

光明孔丘，磊落侍君

光明磊落，是形容一个人正直坦诚，没有什么不可告人的秘密，说话做事不会让人有隐藏、隐瞒的感觉。一个光明磊落的人，要有宽广的胸襟，能容纳万物，正视一切；要能洁身自好，严格要求自己，使自己能以良好的形象呈现于外界；要能不畏批评非难，不畏强势，不参与争斗，只用事实说话，做到问心无愧。

《论语·雍也》中记载了孔子的一件小事："子见南子，子路不说。夫子矢之曰：'予所否者，天厌之！天厌之！'"意思是说，孔子去见了卫灵公的夫人南子，子路很不高兴。孔子发誓说："如果我做了什么不正当的事，让老天谴责我！让老天谴责我！"

"孔子见南子"是一个非常著名的历史故事。南子地位高贵，但行为不端，名声非常不好。孔子和这样的女人见面，难免会惹来他人的非议。孔子之所以拜见南子，是为了通过南子说服卫灵公推行"仁"的治国之道，但性情直率的子路并不理解孔子的良苦用心，对孔子的做法非常不满。于是孔子不得不以发毒誓的方式来表明自己的清白。孔子是怀着"清者自清，浊者自浊"的信念四处宣扬自己的治国安邦之道，不害怕别人的猜忌和非议，展示出他光明磊落的做人风格。《论语·八佾》说："事君尽礼，人以为谄也。"意思是说，我完全按照周礼的方式去侍奉君王，但别人却认为我这样做是为了向君王谄媚。这句话说出了孔子对自己尽心侍奉君王反遭他人诽谤的无奈，同时也更表现出孔子为人光明磊落的性格特点。

力学:博学慎思,学无止境

人的修养主要包括学识水平、个人品德、职业道德等。而这些修养和素质,只有通过不断的自我教育和自我塑造才能获得。执政者不仅要有“人不学,不知道”的危机感和紧迫感,还要有“悬梁刺股、囊萤映雪”的好学精神和“活到老,学到老”的理念,让学习成为自己的一种兴趣、一种习惯、一种精神需要、一种生活方式,自觉做到学以立德、学以增智、学以创业,提高履职尽责、服务社会的本领。

(一)

子曰:“学而不思则罔,思而不学则殆。”(《论语·为政》)

【译文】

孔子说:“只是学习,却不思考,就会惘然无知。只是思考,却不学习,就会精神疲倦而一无所得。

【点评】

这句话阐释了学习与思考的关系。孔子提倡学与思相结合的学习方法,认为只有日学日思、学思并重,才能获得真知。思考是阅读的深化,是认知的必然,是把书读活的关键,如果只是机械地阅读、被动地接受、简单地浏览,没有思考,人云亦云,再好的知识也难以吸收和消化，往往会陷入迷茫。而阅读则是思考的基础，只有通过阅读获得新知识、了解新思想、树立新观念，才能提高思维的准确性、逻辑性、深刻性、敏捷性、创造性。如果整日思考而不学习，就如同沙上建塔，一无所得。

（二）

知之者不如好之者，好之者不如乐之者。（《论语·雍也》）

【译文】

懂得学习的人不如喜爱学习的人，而喜爱学习的人不如以学习为乐趣的人。

【点评】

这是孔子讲学习的三层境界：知、好、乐。“知之”是学习的较低境界，相当于“要我学”；“好之”是学习的较高境界，相当于“我要学”；“乐之”是学习的最高境界，相当于“我爱学”。俗话说“兴趣是最好的老师”，对知识的学习感兴趣，就会从要我学到我要学，再到我爱学，对学习有浓厚的兴趣，在快乐中学习，既能提高学习效率，还能加深对知识的理解，这样所学的知识才能够入脑入心，灵活运用。

（三）

博学之，审问之，慎思之，明辨之，笃行之。（《礼记·中庸》）

【译文】

要广泛地学习，要对学问详细地询问，要慎重地思考，要明白地辨别，要切实地贯彻执行。

【点评】

这是为学的几个递进阶段：博学是吸收知识的过程，审问是答疑解惑的过程，慎思是遴选消化的过程，明辨是择定结果的过程。以上四个步骤，合起来叫作“学问思辨”。而最后一个步骤笃行，又叫作“身体力行”，是指用学习得来的知识和思想指导实践。“学问思辨”透彻明晰的人，“身体力行”才会笃定有力，才会坚定成熟，才会持之以恒。值得注意的是，这几个递进阶段并不只是单向前进的顺序，也是一种反向促进、循环递进的过程：“学问思辨”之后，要“身体力行”，这是学以致用。而“身体力行”之后，还要“学问思辨”，这是用以促学、学用相长、学无止境。这种良性循环，正是提倡打造“学习型人生”和倡导“终身学习”的意义。

（四）

独学而无友，则孤陋而寡闻。（《礼记·学记》）

【译文】

学习中如果缺乏学友之间的交流切磋，就必然会导致知识狭隘，见识短浅。

【点评】

这句话强调了学习者之间交流切磋、相互取益的重要性。学友是个体了解外部世界的桥梁，也是个体不断完善自己的标尺。学友之间的交流，既是才能和学识的互补，又是智慧和创造力的递增。一个人独自苦学再深，不接触外部世界，便打不破自我思维的桎梏，难免偏颇狭隘。只有注重交流与切磋，才能集思广益、丰富思想、开阔视野。古今中外，读书治学最终成大器者，大多十分注重结交学友。如三国时，孟宗就学于南阳李肃，他母亲特意缝制了厚褥大被，为夜晚同寝的同学准备。宋代大文学家范仲淹写诗时，也经常邀请名士同床共读。

（五）

初，权谓吕蒙曰：“卿今当涂掌事，不可不学！”蒙辞以军中多务。权曰：“孤岂欲卿治经为博士邪？但当涉猎，见往事耳。卿言多务,孰若孤?孤常读书,自以为大有所益。”蒙乃始就学。及鲁肃过寻阳,与蒙论议,大惊曰:“卿今者才略,非复吴下阿蒙!”蒙曰:“士别三日,即更刮目相待,大兄何见事之晚乎!”肃遂拜蒙母,结友而别。(《资治通鉴·卷六十六》)

【译文】

当初,孙权对吕蒙说:“你现在担任要职,掌握大权,不能不学习!”吕蒙用军中事务多来推托。孙权说:“我难道想让你当研究经书的博士吗?只不过让你多浏览些书,了解历史罢了。你说你事务多,谁能比得上我呢?我经常读书,自认为获益很多。”吕蒙于是开始学习。等到鲁肃经过寻阳,与吕蒙谈论和议事时,十分惊奇地说:“你如今的才识和谋略,不再是当年在吴地时的那个阿蒙了!”吕蒙说:“君子分别几天,就要用新的眼光来看待了,长兄认识事物怎么这么晚啊!”鲁肃于是就拜见吕蒙的母亲,两人结为好友后才离开。

【点评】

本文写东吴名将吕蒙在主公孙权的劝说下发奋勤学,其才略大有长进而令鲁肃叹服的故事,阐述了开卷有益的道理。学习从来不怕晚,一个人即使基础差,但只要肯端正态度,发奋学习,就能学到知识,从而提高自己的认知水平和办事能力,成为更好的自己。

(六)

王子曰:仲永之通悟,受之天也。其受之天也,贤于材人远矣;卒之为众人,则其受于人者不至也。彼其受之天也,如此其贤也,不受之人,且为众人;今夫不受之天,固众人,又不受之人,得为众人而已耶?(北宋·王安石《伤仲永》)

【译文】

王安石说:方仲永的通达聪慧,是上天赋予的。他的天赋,比一般有才能的人要优秀得多;但最终成为一个平凡的人,是因为他后天所受的教育还没有达到要求。他的天资是那样地好，没有受到正常的后天教育，尚且成为平凡的人；那么，现在那些本来就没有天赋，本来就平凡的人，还不接受后天的教育，难道成为普通人就为止了吗？

【点评】

这是北宋王安石《伤仲永》一文的节选。文章讲述了江西金溪一个名叫“方仲永”的神童，5岁就可以作诗，但因后来被父亲当作生钱工具，停止了学习，最终沦为普通人的故事。故事告诫人们绝不可单纯依靠天资而不去学习新知识，必须注重后天的学习，而那些先天不聪慧的人，就更需要后天的学习了。

（七）

人之为学，不可自小，又不可自大。（明·顾炎武《日知录》）

【译文】

一个人在学习上不可以自卑，也不可以妄自尊大。

【点评】

这句话点明了一种学习态度：在浩瀚的知识海洋面前，既不能妄自菲薄，也不能骄傲自满。“不可自小”即不可小看自己，在学习上要相信自己的能力，无论之前基础如何，只要肯学习，都会有进步。如果一个人自轻自贱，学习就很容易半途而废，不能取得理想的效果。“不可自大”即不能骄傲自满。学习是永无止境的，为学者应谦虚好学，多学多问，千万不可稍有成绩就骄傲自满、自视过高，这样会阻碍自我提升，在学识上停滞不前，甚至走下坡路。

顾炎武读书

顾炎武是著名的思想家、史学家、语言学家,被后世称为“清朝开国儒师”“清学开山始祖”。他学识渊博,在经学、史学、音韵、小学、金石考古、方志舆地以及诗文诸学上,都有很深的造诣,建立了承前启后之功。顾炎武能取得如此大的成就,与他一生勤奋好学、热爱读书是分不开的。《清史稿·儒林传》称他“生平精力绝人,自少至老,无一刻离书”。顾炎武6岁启蒙,10岁开始读史书、文学名著。11岁那年,祖父蠡源公要求他读完《资治通鉴》,他深知读书学习是必须踏实去做的事情,于是采取了“自督读书”的措施:他规定自己每天阅读的卷数,而且读完还要把所读的书抄写一遍,做好笔记,写下阅读心得。他的一部分读书笔记,后来汇成了著名的《日知录》一书;最后,他在每年春秋两季,都要温习前半年读过的书籍,边默诵,边请人朗读,发现差异,立刻查对。他规定每天这样温课二百页,温习不完,绝不休息。别人读书是越读越薄,他读书是越读越厚,越厚他越不嫌多。就这样,顾炎武勤奋攻读了30多年,到了45岁时,已读完天文、地理、历史、文学等书籍几万卷,还读完了府、县地方志一万多卷。在他家乡四周,几乎找不到他没有读过的书了。于是,他立下大志,要走遍天下,读遍天下书。他用两匹骡子驮着书,跋山涉水,到处征借书籍。顾炎武每到一处,必考察当地风土人情、山川地理,如与平日所闻不符,便打开书卷验证。旅途中则在鞍上默诵诸经注疏,偶有遗忘,就翻书温习。所览书又得万余卷。他把所搜集到的地理文献资料一分为二,将有关水利、贡赋、经济、军事部分,编为《天下郡国利病书》,有关地理沿革、建置、山川、名胜部分,则编为《肇域志》。正是由于他这种孜孜以求的学习精神,才积累了丰富的学问,成为当时著名的学者。